CORAGEM PARA CRESCER

> **CARO LEITOR,**
Queremos saber sua opinião sobre nossos livros.
Após a leitura, curta-nos no
facebook.com/editoragentebr,
siga-nos no **Twitter @EditoraGente**,
no **Instagram @editoragente** e visite-nos
no site **www.editoragente.com.br**.
Cadastre-se e contribua com sugestões,
críticas ou elogios.

MARCOS FREITAS

CORAGEM PARA CRESCER

Conheça as ferramentas certas de CRESCIMENTO empresarial, destrave todo o potencial do seu negócio e obtenha o máximo de RESULTADOS

AUTORIDADE

Diretora
Rosely Boschini

Editora
Franciane Batagin Ribeiro

Assistente Editorial
Bernardo Machado

Produção Gráfica
Fábio Esteves

Consultoria de Escrita
Central de Escritores: Rose Lira,
Gabriella Maciel Ferreira
e Pedro Castellani

**Coordenação Editorial
e Preparação**
Algo Novo Editorial

**Projeto Gráfico,
Diagramação e Capa**
Vanessa Lima

Revisão
Amanda Oliveira e
Natália Domene Alcaide

Impressão
Edições Loyola

Copyright © 2021 by Marcos Freitas
Todos os direitos desta edição
são reservados à Editora Gente.
Rua Original, 141/143 – Sumarezinho
São Paulo, SP – CEP 05435-050
Telefone: (11) 3670-2500
Site: www.editoragente.com.br
E-mail: gente@editoragente.com.br

Dados Internacionais de Catalogação na Publicação (CIP)
Angélica Ilacqua CRB-8/7057

Freitas, Marcos
    Coragem para crescer: conheça as ferramentas certas de crescimento empresarial,
destrave todo o potencial do seu negócio e obtenha o máximo de resultados / Marcos
Freitas. – São Paulo: Gente Autoridade, 2021.
    208 p.

    ISBN 978-65-88523-27-8

    1. Desenvolvimento pessoal 2. Negócios 3. Carreira I. Título

21-4731	CDD 158.1

Índice para catálogo sistemático:
1. Desenvolvimento pessoal

nota da publisher

Ser empresário não é tarefa fácil. Constantemente nos deparamos com questões alheias a nossos sonhos e melhores intenções – verdadeiros imprevistos – que acabam por nos desviar das trajetórias que traçamos. Marcos Freitas, CEO e fundador do grupo Seja Alta Performance, conhece isso muito bem e defende que para que nós, empresários e empreendedores, sigamos adiante, é preciso ter, antes de tudo, a coragem para fazer mudanças.

Empresário há mais de vinte anos e com vasta experiência na área comercial, Marcos já ajudou milhares de empresas e empresários a alcançarem seus objetivos por meio de seu método, o Alta Performance nos Negócios. Um verdadeiro especialista em aceleração empresarial, competente e dedicado, o autor sabe que para vermos nossas empresas e empreendimentos crescerem, expandirem, a centelha que se transformará em resultados deve partir de nós mesmos.

Em *Coragem para crescer*, primeiro livro do autor com a Gente, entendemos definitivamente que a transformação de que a sua empresa precisa, caro leitor, está dentro de você. O livro que está em suas mãos não é apenas um guia para quem já possui um negócio e quer vê-lo crescer, mas também para quem está dando os primeiros passos no ramo empresarial e quer aprender a definir uma forte cultura de crescimento e a manter um time engajado e eficiente – e você encontrará aqui as ferramentas certas para isso.

Marcos Freitas é o mentor ideal para ajudar você a achar a coragem para fazer as mudanças necessárias na sua vida e na sua empresa, e é um prazer imenso publicar este livro que traz a visão da gestão de empresas através do olhar de um profissional que já ajudou muitas pessoas a crescerem e atingirem os resultados desejados.

Que você tenha uma excelente trajetória, leitor, e encontre a coragem necessária para fazer as renovações que o ajudarão a crescer, agora e sempre. Boa leitura!

ROSELY BOSCHINI – CEO e Publisher da Editora Gente

sumário

8 PREFÁCIO DE *Natália Simony*

14 INTRODUÇÃO: *Coragem para crescer*

26 CAPÍTULO 1: *Existe luz no fim do túnel*

38 CAPÍTULO 2: *Estamos todos no mesmo barco*

50 CAPÍTULO 3: *Reconhecer para resolver*

62 CAPÍTULO 4: *Decidi mudar, e agora?*

74 CAPÍTULO 5: *Passo 1 - Mudança que vem de dentro*

86 CAPÍTULO 6: *Passo 2 - Defina o chefe*

100 CAPÍTULO 7: *Passo 3 - Inspire-se em quem fez história*

118 CAPÍTULO 8: *Passo 4 - O fluxo de caixa é rei*

126 CAPÍTULO 9: *Passo 5 - Acelerando as vendas*

138 CAPÍTULO 10: *Passo 6 - A base do time*

150 CAPÍTULO 11: *Passo 7 - Cultura de resultado*

164 CAPÍTULO 12: *Passo 8 - Cuide do chefe*

178 CAPÍTULO 13: *Passo 9 - Aumentando o ritmo*

190 CAPÍTULO 14: *Passo 10 - Cuide de você*

200 CAPÍTULO 15: *Tudo muda se você mudar*

PREFÁCIO DE
Natália Simony

Quem nos conhece sabe que minha história com o Marcos não se trata de um encontro de pessoas, e sim de almas. Aos 14 anos o conheci no aniversário de uma amiga em comum, em Fortaleza, nossa cidade natal, e em uma rápida troca de olhares pudemos sentir que tudo ao nosso redor ficou em suspenso por instantes. Houve o reconhecimento de energias e a certeza de que estávamos iniciando uma linda jornada.

Marcos sempre se mostrou protetor e cuidadoso, e rapidamente engatamos um namoro que durou cerca de dois anos. Surpreendidos com a gravidez precoce de nossa primogênita, eu, aos 16 anos, e Marcos, aos 22, subimos no altar e dissemos o nosso "sim".

Casados e repletos de responsabilidades, vieram os primeiros desafios. Em poucos meses nos tornamos pais e assumimos a missão de custear uma casa e suprir as necessidades básicas de nossa filha. Entrei na universidade e o Marcos no mercado de trabalho, como arrimo de família e com o peso de ser o provedor – e surpreendendo a todos por sua energia, força de vontade e determinação de crescer.

Marcos sempre foi um visionário e é um legítimo entusiasta da vida profissional. Aprendeu a ser gestor na prática, adaptando a literatura à realidade do mercado. Com carisma e influência para engajar todos ao seu redor, sempre se destacou por onde passou. Seja em uma roda de amigos, no seio familiar ou com os colegas de trabalho, ele sempre foi luz, com o talento de extrair o melhor de cada um e acreditar no potencial das pessoas, antes mesmo delas próprias.

Confesso que me senti muito honrada e lisonjeada com o convite de fazer o prefácio deste livro. **Coragem para crescer** é um compilado de mais de vinte anos de experiência no mercado de trabalho, que resultou em um método exclusivo patenteado pelo Marcos, em que ele ensina o passo a passo de como montar uma cultura meritocrática voltada para resultados. O ensinamento contido aqui já foi testado e aprovado por mais de 20 mil empresas no Brasil e pelo mundo afora.

Na leitura, você é instigado a fazer uma análise profunda da sua empresa, sob aspectos internos e externos, traçando em paralelo o seu planejamento estratégico, que será norteado por ações com metas, prazos e responsáveis definidos. Fazendo um breve resumo, elenco a seguir as seis principais lições:

1. **ENGAJE:** Faça seu time se sentir parte do negócio e apresente a **missão** da sua empresa, a qual deve ter 100% do foco no outro, resolvendo um problema do seu público-alvo e sendo inspiradora.

   Compartilhe a **visão** de futuro da empresa e instigue seu time a sonhar com você, incentive-os a se visualizarem no futuro, acumulando conquistas pessoais através do próprio trabalho realizado.

   Por fim, declare e dissemine os pilares internos da empresa, ou seja, o "caráter" dela, por meio da definição dos **valores vitais** para o constante desenvolvimento do negócio.

2. **CONFIE:** Tenha pessoas de confiança no seu time e os incentive ao erro. Marcos sempre repete a frase: "Erre muito e corrija rápido", pois acredita que o time deve ter autonomia para ousar e aprender com os percalços que porventura surjam na jornada. Por isso, devemos delegar novas tarefas aos membros do time e os estimular sempre a se desenvolver em todo o

seu potencial. Afinal, uma cultura voltada para resultados somente será possível com a participação de pessoas qualificadas e alinhadas com o propósito da empresa.

3. **DESAFIE:** As empresas precisam de metas claras, desafiadoras e atingíveis em todas as áreas. E conforme elas são cumpridas, devem ser aumentadas, afinal, "sempre pode ser melhor". Deve-se gerar uma "concorrência" interna, isto é, cada colaborador deve ser desafiado a dar o melhor de si e ser medido por sua performance, sendo acompanhado diariamente.

4. **MONITORE:** Estabeleça indicadores de performance para a empresa, realize reuniões semanais com os seus gestores e reuniões mensais com todo o time, além de enviar os rankings diariamente para o acompanhamento de toda a empresa. Assim é possível fazer ajustes nas estratégias traçadas, minimizando os riscos de não atingir as metas.

5. **RECONHEÇA:** Busque ter um olhar voltado para o positivo, sempre procurando o que seu time faz de bom. Valide os pequenos objetivos alcançados, elogie as pessoas. Premie os que se destacam, fazendo o uso da meritocracia, baseando-se nos méritos pessoais de cada indivíduo.

6. **COMEMORE:** Celebre as metas atingidas, desde um simples toque de sino no fechamento de cada contrato até a realização de festas, churrascos ou happy hours em comemoração às metas atingidas. O importante é vibrar junto do time e festejar com alegria, conectando a todos através de pequenos estímulos emocionais.

Durante a leitura, Marcos ensinará a você, leitor, de maneira simples e prática, como sair da operação do seu negócio e se tornar um verdadeiro estrategista. Aqui, você comprovará que é possível obter a tão sonhada liberdade de ser um empresário de sucesso que equilibra a vida pessoal com a profissional.

Por meio de um time capacitado, indicadores definidos e metas claras, além de uma cultura meritocrática, você conquistará a Alta Performance nos Negócios.

Desejo uma excelente leitura e grandes resultados!

NATÁLIA SIMONY

Diretora do EAP – Empresas de Alta Performance

Por meio de um time capacitado, indicadores definidos e metas claras, além de uma cultura meritocrática, você conquistará a Alta Performance nos Negócios.

INTRODUÇÃO:
Coragem para crescer

empre que inicio uma imersão para empresários, costumo dizer a eles que, antes de qualquer coisa, precisam ter "coragem para crescer". Sim! Antes de falar da minha metodologia, de dar dicas de gestão, de apresentar caminhos ou de ajudá-los, aviso logo que a mudança que o empresário deseja para sua empresa começa nele mesmo. E é exatamente isso que vou dizer a você, que lê este livro agora: **tenha coragem para crescer! Porque a mudança da sua empresa começa por você!**

Aliás, se estivesse na sua frente agora, eu levantaria para aplaudi-lo. O país está cheio de empresários reclamando de um cenário econômico ruim e muitos não se mexem para mudar a situação. Mas você não! Você está se movimentando, está buscando profissionalização, e ler este livro faz parte do caminho.

Na atual situação do seu negócio, você acreditaria se alguém batesse à sua porta e dissesse: "Este será o melhor ano da história da sua empresa."? Pois eu acredito que pode, sim, ser essa a realidade – contanto que você acredite e faça para valer!

Para que o melhor aconteça, faço um pedido agora: acredite em você e confie na metodologia aqui apresentada. Você está com este livro em mãos porque busca novos caminhos para solucionar os problemas do seu negócio. Então, se esqueça daquele antigo discurso "eu já tentei isso, já faço assim, isso eu já conheço". Tudo o que foi feito até hoje trouxe os resultados que você já tem, mas você não quer continuar com os mesmos frutos, quer? Se deseja novos resultados, precisa de novas atitudes, agir e planejar diferente! É assim que as coisas funcionam em qualquer âmbito da vida, inclusive nos negócios.

Muito provavelmente, tudo o que você fez até agora foi de maneira intuitiva, seguindo a maré. Mas chegou a hora de se concentrar em melhorar o seu negócio, criar estratégias, fazer planejamentos, entender mais sobre estrutura, financeiro, gestão de pessoas e tudo o que faz uma empresa rodar! Sempre que alguém traça metas para um novo objetivo, sabe que precisará tomar novas decisões e mudar de atitude para chegar lá! Se não mudar nada no planejamento, vou entender que você já está onde queria chegar.

TODA MULTINACIONAL JÁ FOI PEQUENA

Minha história não começou no topo – e nenhuma começa, não se engane. Todas as pessoas que estão com empresas consolidadas no mercado, com marcas reconhecidas, gigantes, faturamentos milionários... todas elas começaram pequenas! Empresas como Apple, Nike, Nubank e muitas outras foram crescendo gradativamente até chegar onde estão hoje. Inclusive, muitas delas começaram em garagens, dormitórios de faculdade, quartos na casa de alguém, e hoje ocupam quarteirões inteiros no Vale do Silício.

Eu mesmo também comecei por baixo – e põe baixo nisso. Em meu primeiro emprego, ganhava pouco mais de um quarto de um salário mínimo e ia trabalhar de bicicleta todos os dias para fazer trabalho braçal. Passei por muitas dificuldades e percorri um longo caminho de tentativas, erros e acertos. Hoje, com a minha própria empresa, ainda tenho uma pasta de projetos que deram certo e outra com os que deram errado, porque o erro também faz parte da curva de aprendizado.

Foi falhando que consegui entender que a vida de um empresário é assim mesmo: feita de erros, acertos e gerenciamento de problemas, na maior parte das vezes. Comecei a perceber isso e a prestar atenção nos detalhes, nos pormenores... Quando meus negócios davam muito certo, eu me perguntava por quê. Quando davam errado, eu me fazia a mesma pergunta: *por quê?*

Os problemas sempre vão existir. Isso é inevitável e não tem como fugir deles. Primeiro porque tudo na vida é assim. Depois porque fatores externos sempre vão aparecer, sejam quais forem, estivessem previstos ou não. Ou é uma crise política, ou uma crise econômica, ou, no pior dos cenários, uma pandemia viral que ataca o mundo inteiro sem que ninguém esteja esperando – e olha que, nesse caso, ninguém ficou de fora, nem países desenvolvidos, gigantes do mercado... ninguém! Todo o mundo precisou se render à crise pandêmica global de 2020 e, no fim das contas, aprender a se adaptar, porque era isso ou desistir.

SEU NEGÓCIO TE DÁ TESÃO?

Os problemas existem desde que o mundo é mundo. Não pense que algum dia ocorrerá um ato milagroso qualquer que livrará o mundo de problemas. Se isso fosse possível, por que então alguém teria uma empresa? Para começo de conversa, negócios existem para resolver os problemas das pessoas. E os melhores negócios são aqueles que resolvem essas questões de maneira mais prática, simples e sem muita complicação para o cliente.

Portanto, em vez de ficar no sofá convivendo com os mais variados problemas enquanto assiste ao jornal e reclama de tudo e qualquer coisa, dando desculpas para os resultados ruins da sua empresa, você pode decidir fazer o que lhe cabe e tentar resolver esses problemas da maneira mais ágil possível.

Apesar de entendermos que novos problemas sempre estarão à espreita, não podemos nos acostumar a conviver com eles. A partir dessa ideia, comecei a observar o que eu fazia, em que acertava, quais resultados normalmente conseguia, e fui mapeando o processo como um todo. No fim das contas, percebi que não tinha muito para onde correr: tudo culminava sempre em acreditar no meu negócio, em buscar profissionalização e nas consequências dessas ações.

Encontrei alguns pontos em comum entre os projetos que deram certo: profissionalização da gestão e do setor financeiro, cuidado com os canais comerciais e a compreensão de que nem todo negócio era para mim. Às vezes, a melhor decisão para um negócio que anda mal, sem conexão entre empresário e empresa, é fechar.

Vejo que muitos empresários ficam fazendo de tudo para o negócio dar certo, mas não sabem reconhecer quando algum não é para eles. Esse é o momento em que geralmente me perguntam: "Mas, Marcos, como é que posso saber se um negócio não é para mim?".

Sob meu ponto de vista, essa resposta é simples. Um negócio não é para você quando você acorda e não tem tesão, não tem ânimo, não tem entusiasmo, não sente aquela empolgação para ir trabalhar. Quando seus olhos não brilham ao falar da empresa ou quando encara seu negócio muito mais como "aquilo que me dá dinheiro" do que como "aquilo em que tenho prazer de trabalhar". Quando sente que corre muito atrás do dinheiro e que não encontra satisfação no que faz, é aí que o alarme dispara. Tudo fica mais difícil, mais desafiador, e até os menores problemas parecem enormes fardos, pesados demais para carregar.

EMPRESÁRIO BOM É EMPRESÁRIO FELIZ

Eu sei que tive muitas dificuldades no meu caminho. Entretanto não posso deixar de reconhecer que, durante esse tempo, vi a transformação de várias empresas. Pequenos negócios que passaram a ser gigantescos, empresas

Vejo que muitos empresários ficam fazendo de tudo para o negócio dar certo, mas não sabem reconhecer quando algum não é para eles.

que hoje cresceram, prosperaram, expandiram. Isso me enche de orgulho e de alegria, e gera em mim satisfação pelo que faço.

Sempre que lanço um treinamento, uma imersão ou um livro, meu maior desejo é ver as empresas brasileiras progredindo. É ver empreendimentos crescendo e lucrando, ver empresários felizes, com tempo de qualidade para passar com a família, com poder aquisitivo suficiente para presentearem a si mesmos como desejarem pelo bom trabalho feito.

Existe por aí a crença infundada de que o empresário bom, o "bem-sucedido", é aquele que vive ocupado, sem tempo para nada, trabalhando vinte e quatro horas por dia, sete dias por semana, sempre em reunião e sempre estressado. Não, isso está errado! Você não deve se matar de trabalhar, ninguém deve. Empresário de sucesso, para mim, é aquele que está feliz, que tem tempo para fazer o que quiser e consegue tirar um mês de férias com a família sem se preocupar em deixar o controle na mão dos funcionários e gestores. Ser bem-sucedido, na minha opinião, está diretamente relacionado ao seu nível de felicidade, simples assim.

Há cinco anos, pedi demissão do cargo de alto executivo que tinha em uma empresa que faturava mais de 500 milhões de reais – e na qual eu era muito bem remunerado, diga-se de passagem – para investir no sonho antigo de fazer o que faço hoje. Estudei, desenvolvi um método, lancei livros, me apresentei em outros países – fui aos Estados Unidos, ao Canadá e a Israel –, tenho trabalhado e tido ótimos resultados com essa metodologia, e posso dizer com segurança que é isso que me dá ânimo para trabalhar.

Criei a metodologia Alta Performance e, com ela, entendo que, para uma empresa mudar, a transformação precisa começar de cima para baixo e de dentro para fora. É muito fácil, como falei, reclamar de todos os problemas que acontecem fora da empresa, mas o fato é que reclamar não vai mudar nada dentro do negócio.

Você, empresário, é a cabeça, o coração e tudo o que mantém a empresa de pé. E assim como o corpo humano tem um sistema muito bem organizado de distribuição de tarefas, sua empresa também precisa ter. Por mais que seja o cérebro que mande as sinapses, o coração bombeia sozinho o sangue para todo o sistema circulatório, assim como o pulmão faz o seu serviço e assim por diante. Cada um foca a sua função e ninguém se mete na do outro para que o corpo humano funcione integralmente.

Empresário de sucesso, para mim, é aquele que está feliz, que tem tempo para fazer o que quiser e consegue tirar um mês de férias com a família sem se preocupar em deixar o controle na mão dos funcionários e gestores.

Como empresário e idealizador do negócio, você até pode comandar a operação, montar a estratégia, dar as ordens e as devidas orientações, mas deve também delegar. Você não tem como exercer todas as funções da sua empresa para sempre. Se o objetivo é crescer, invariavelmente, vai chegar uma hora em que não será possível abraçar tudo. E, se tudo depender de você, alguma coisa começará a falhar.

Empresários que fazem tudo acabam não fazendo nada, porque não têm foco, constância e nem expertise em tudo. Simplesmente porque não é possível que seja assim. É nessa hora que você precisará confiar na sua equipe para focar nas estratégias de expansão, nos planejamentos e no crescimento, e não na parte operacional.

É importante ressaltar que empresas que crescem não o conseguem com profissionais desmotivados ou não participativos. Não! Empresa cresce com pessoas proativas, animadas, ágeis e criativas. E se, por acaso, você visualizou sua empresa no primeiro exemplo, e não no segundo, não se engane e desculpe-me pelo que vou falar: a culpa é sua!

A CULPA É SUA!

O responsável por ter contratado essas pessoas para a empresa e permitido que elas permaneçam é você mesmo, empresário! Você quem as escolheu ou contratou. Então, sinto muito, mas se hoje você não tem o time com que sempre sonhou, a responsabilidade disso está nas suas costas.

Chamo a equipe da minha empresa de Alta Performance – que é também o nome da metodologia que criei. Mas o que isso significa? Ser Alta Performance é **atingir todo o potencial da sua empresa de maneira acelerada e poder desfrutar os ganhos de uma empresa de alta produtividade e grandes resultados**.

Na minha equipe, só tenho pessoas que estejam dispostas a atingir todo o seu potencial de maneira acelerada, para que a empresa possa desfrutar dos ganhos da alta produtividade. Todos, sem exceções, devem buscar sempre essa meta a cada dia de trabalho. E essa é uma mensagem clara que é anunciada a todos desde o processo de seleção e durante a rotina de trabalho.

Você já olhou para a sua empresa e teve a sensação de que ela deveria estar rendendo mais? Lucrando mais, com o estoque menor e processos mais redondos, com caixa mais livre e equipe mais enxuta? A maioria dos empresários com quem trabalhei me responde que sim.

Todos esses itens que citei correspondem ao potencial da sua empresa – e vale ressaltar que também pode ser potencial perdido. Se você tem uma empresa que fatura, por exemplo, 1 milhão de reais em venda de canetas, mas sente que poderia estar faturando 2 milhões, você provavelmente tem 1 milhão de reais em potencial que não está sendo trabalhado!

Agora pergunto: para onde está indo esse potencial não trabalhado? Porque está em algum lugar, certo?! Tudo o que você não está ganhando está indo para o seu concorrente. Não importa quem seja – o setor, a área, o serviço etc. –, sempre há um concorrente à espreita, esperando você desperdiçar potencial.

Outra pergunta: por que esse seu potencial não está sendo alcançado? É provável que aqui você consiga elencar inúmeros motivos, mas eu vou ajudá-lo e resumir todos eles: falta de profissionalização.

Se não há profissionalização, devemos pressupor que também faltam metas para a equipe (ou as metas que existem não estão coerentes com a equipe que você tem), faltam pessoas certas nos lugares certos, falta cultura voltada para resultados, gestão profissional dentro da empresa, organização do setor financeiro, falta uma pessoa focada em diminuir gastos, e por aí vai.

VOCÊ PRECISA MUDAR

No fim das contas, tudo se resume à gestão. Quando você muda o jeito de pensar do seu negócio, muda a gestão de pessoas, a maneira com que lida com os clientes, a estratégia e o planejamento. Você faz uma transformação completa quando muda o *core* da empresa. E é nesse momento que, com certeza, você começará a ver resultados.

O meu negócio, que existe há mais de cinco anos e tem sua sede em Fortaleza, no Ceará, trabalha com o método de aceleração de empresas que criei e, até o ponto-final deste livro, vi mais de 20 mil empresas sendo transformadas diretamente. Hoje, temos treinamentos com formação de gestores financeiros, comerciais, de pessoas, e trabalhamos voltados para a inovação, em empresas no Vale do Silício, em Israel e na China. Tenho também uma empresa de recrutamento e seleção voltada para a busca estratégica de bons profissionais para os cargos mais críticos das empresas, além de muitos outros programas.

Os números são incríveis: mais de 3,5 mil gestores formados, mais de 30 mil participantes dos nossos cursos e treinamentos e mais de 20 mil empresas que vivenciaram o método, cuja aprovação está em mais de 98%. E, pelo segundo ano consecutivo, somos uma das melhores empresas para trabalhar de acordo com o certificado conferido pela Great Place to Work.[1]

Eu, Marcos Freitas, já tenho uma carreira consolidada, uma empresa reconhecida no mercado, livros publicados, *cases* de sucesso, projetos internacionais, *case* na revista *Exame* e muitos resultados comprovados. O meu objetivo agora, com esta obra, é muito claro: fazer **você** atingir os resultados.

Levei muitos anos para descobrir, estudar, entender e mapear tudo o que aprendi, todos os meus erros e acertos, os exemplos de sucesso e os caminhos que deram errado, as empresas que cresceram e as que fecharam. Mas você, meu amigo, está com tudo nas mãos. É só ler, pôr em prática na sua empresa e crescer. Simples assim.

Entende agora por que falei, lá no início, que a mudança da sua empresa depende de você? Consegue compreender como é fundamental que mude a sua maneira de pensar, de se relacionar e, sobretudo, de agir para começar a alavancar os resultados do seu negócio? Para você ser o empresário bem-sucedido que sempre sonhou, basta ter **coragem para crescer**.

Venha comigo que lhe mostrarei como!

---

[1] Você pode buscar todas as empresas certificadas no site da organização. Veja em: https://certificadas.gptw.com.br/certificadas. Acesso em: set. 2021.

Para você ser o empresário bem-sucedido que sempre sonhou, basta ter coragem para crescer.

CAPÍTULO 1:
Existe luz no fim do túnel

ntra ano, sai ano e os problemas ao redor do mundo podem até mudar de nome, mas continuam existindo, sempre existiram e vão sempre existir. Não importa o que se faça ou a solução dada, sempre surgirá algo novo, inesperado, desafiador, algo inusitado que vai ameaçar o sucesso da sua empresa.

No Brasil, onde vivo, eu ministro cursos, palestras e imersões com o grupo Seja Alta Performance, holding de empresas focada principalmente na aceleração empresarial. Ao longo dos anos de Alta Performance, conheci muitas empresas, empresários e diferentes cenários do mercado.

Há algum tempo, tudo de errado que acontecia no Brasil era "culpa da Presidenta em exercício". Desde a concorrência forte entre as empresas, passando pelo dinheiro "não dar mais para nada", até o time de futebol que caía para a Série C do Campeonato Brasileiro: tudo era culpa dela, a Presidenta do Brasil.

DE QUEM É A CULPA AGORA?

O discurso era unanime: "quando a Presidenta sair, tudo vai melhorar". Ela saiu, entrou o Presidente seguinte e a culpa deixou de ser da antiga Presidenta para ser do atual Presidente! Pouco tempo depois que esse Presidente assumiu, um áudio que denunciava um escândalo foi vazado e tudo mudou mais uma vez. Na eleição seguinte, entrou outro Presidente e agora a culpa é de quem? Dele!

Perceba que não estou falando aqui, em momento algum, dos aspectos políticos de nenhuma dessas situações, mas da reação das pessoas aos fatores externos. Muda o Presidente, o partido, muda tudo... mas sua empresa continua na mesma, sem mudar nada – muito menos melhorar. No fim das contas, não importa quantas vezes mude a presidência do país, o presidente da sua empresa continua sendo e sempre será você.

Em 2020, percebi que várias empresas começaram o ano com muitos planos, expectativas altas, apostando muitas fichas de que seria um bom período para os negócios. Até que veio a covid-19, que chegou ao Brasil em meados de março, e tudo mudou completamente. A pandemia do novo coronavírus foi como um grande meteoro para o mercado. Em um cenário mais amplo, os médios e pequenos negócios foram os mais atingidos.

Todos os empresários se viram, de repente, andando à esmo, vivendo de expectativas incertas e sem saber direito como agir. Um pouco depois do início da pandemia, o Governo Federal colocou em prática medidas emergenciais, como auxílio financeiro à população de baixa renda e planos de contenção econômica. Então, o nível de contaminação pelo novo coronavírus chegou a cair e muitas empresas que estavam em baixa conseguiram não apenas se reerguer como também crescer de maneira bastante significativa de julho a dezembro.

No segundo semestre de 2020, aumentou entre os brasileiros a sensação de que a covid-19 tinha ido embora e a pandemia estava acabando, e os empresários voltaram a fazer planos e a esperar por crescimentos. No entanto, recebemos mais um golpe e uma segunda onda de contaminação pelo vírus se estabeleceu. Esse retrocesso deixou a todos sem rumo mais uma vez.

Um ano após o início da pandemia, já em 2021, quando resolvi escrever este livro, entendi que uma grande névoa está pairando no ar. Uma névoa que esconde o que está por vir em relação aos negócios nesse novo momento e no futuro. Resta descobrirmos se ela vai revelar algo bom ou ruim.

O MERCADO NÃO TEM BOLA DE CRISTAL

Não sou vidente nem tenho poderes especiais e, por mais que quisesse, não tenho como prever exatamente qual será o próximo cenário do mercado ou de onde a próxima crise surgirá. Não existe bola de cristal que possa dizer isso, mas sei que alguma coisa vai acontecer.

E o que faço com essa informação?

Sempre que o cenário muda, o jogo muda também, e bruscamente. É importante perceber que, independentemente do período ou da crise, sempre existiram as empresas que iam bem e as que estavam muito mal. Na época da Presidenta, havia empresas indo mal e outras que cresciam exponencialmente, assim como também na época do seu sucessor e do Presidente atual. Com a covid-19, mesmo que alguns se sintam impelidos a achar que todos lidaram de igual para igual com a situação, eu digo a você que isso é um engano.

É preciso considerar que algumas áreas específicas do mercado foram favorecidas pela pandemia, enquanto outras foram mais atingidas pelos obstáculos que surgiram. Mesmo comparando apenas empresas dentro do mesmo segmento, você verá que várias cresceram, enquanto outras estagnaram, muitas caíram e algumas até fecharam totalmente as portas. O que aconteceu com cada uma ajudou a definir o cenário atual.

A covid-19 é a mesma para todo mundo. Não importa seu segmento, mercado, público, nicho ou produto. O novo coronavírus não faz distinção, todo mundo é igual diante dele. Agora, veja bem: se o cenário de dificuldade é o mesmo, se o Presidente é o mesmo, o clima, a mão de obra e o cliente, por que então as empresas possuem situações diferentes, resultados diferentes e – o essencial – saldos bancários diferentes?

PAÍS CONFUSO

Para ficar sempre antenado sobre o mercado, acompanho tudo que posso das notícias sobre situação financeira, negócios, oportunidades, altas e quedas de valores e outros assuntos pertinentes a esse universo econômico. Durante a pandemia, algumas notícias chamaram minha atenção em particular.

Em dezembro de 2020, vi uma matéria que tinha o título "Especialistas apontam melhora na economia brasileira para 2021".[2] O texto dizia que "a expectativa é de crescimento de 3,5% no PIB para o próximo ano e a volta gradual da oferta de vagas no mercado de trabalho". No mesmo dia, li outra matéria, agora dizendo que a nova onda da pandemia poderia impactar a retomada da economia. Pensei logo: *que coisa estranha é essa?! Este é um país confuso, por acaso? Um diz que vai melhorar e outro diz que vai piorar. Afinal de contas, qual está "certo"?*

CHEGA DE DESCULPAS!

Vou lhe dizer que o "certo" é, antes de mais nada, parar de dar desculpas!

Sim, empresário, chega de dar desculpas! Chega de colocar a culpa no governo, na crise, no vírus, no mercado, no cliente (acredite se quiser, já ouvi até mesmo essa), nos colaboradores ou na concorrência. Chega de procurar do lado de fora os motivos que justifiquem a falta de resultados da sua empresa. Não enquanto você não organiza nem o que já existe do lado de dentro.

Chega também de aceitar aquele sócio, gestor ou colaborador que reclama o tempo inteiro do cenário externo, mas não se mexe para tentar mudar. Essa pessoa, essa mesma em quem você acabou de pensar, não pode continuar

---

[2] ESPECIALISTAS apontam melhora na economia brasileira para 2021. **CORECON – Conselho Regional de Economia**, 14 dez. 2020. Disponível em: https://www.coreconpr.gov.br/noticias/economistas-apontam-melhora-na-economia-brasileira-para-2021/. Acesso em: set. 2021.

reclamando dentro da sua empresa. A mudança de que seu negócio precisa não está da porta para fora, a mudança que deseja já está lá dentro, esperando você se movimentar para fazer acontecer.

Entenda bem que o mundo não vai mudar para que você resolva a sua vida. É você quem precisa mudar

Chega de procurar do lado de fora os motivos que justifiquem a falta de resultados da sua empresa. Não enquanto você não organiza nem o que já existe do lado de dentro.

as coisas dentro da sua empresa para poder acompanhar o mundo. Nada vai melhorar se você só olhar para fatores externos, se ficar buscando na imprensa e na opinião de especialistas explicações genéricas para a queda dos números do seu mercado, para as contas que não fecham, para a meta não batida pelo seu vendedor, para o gerente que não provoca alterações no time porque não quer se indispor com ninguém, para o cliente que não aparece mais na loja...

É muito fácil passar o dia inteiro na sua empresa quase quebrada, chegar em casa à noite e explicar para o cônjuge que a situação está assim por causa da covid-19, do funcionário ineficiente, do gestor irresoluto, do sócio cabeça-dura. Você pode até fazer isso, mas saiba que esse comportamento não vai mudar em nada a situação da sua empresa.

Eu entendi que não tenho poder para mudar fatores externos à minha vida e à gestão das minhas empresas – coisas que acontecem no Brasil, no mercado ou no mundo, de modo geral. Tudo isso está muito além do meu controle, e eu nem quero controlar esses fatores. Mas tenho total poder de mudar o que acontece dentro do meu negócio. O jogo do sucesso da empresa é interno, não externo. É algo que planejamos com os jogadores que temos em casa, e não analisando as condições do campo externo.

É claro que somos todos afetados pelo cenário, isso é lógico. Mas, assim como você, todas as outras empresas e pessoas do mundo também são. As condições são as mesmas para todos. Cabe a você encontrar o diferencial que vai salvar seu negócio e fazer a sua empresa crescer. Afinal, quando a tempestade cai lá fora, cada um reage de uma maneira dentro de casa.

DE GIGANTES A FANTASMAS

Vejo muitas empresas – e são muitas mesmo, a lista é grande – que tiveram bastante sucesso no passado e se tornaram grandes negócios, conhecidas por absolutamente todo mundo, mas que não se adaptaram às mudanças do mercado e pararam no tempo. Confiaram demais no que já tinham e se recusaram a inovar. O que aconteceu a essas empresas? Sumiram, faliram, foram compradas por outras ou viraram simples fantasmas.

O empresário atual precisa entender de uma vez por todas que o mundo está mudando – e em uma velocidade absurda! Só sobreviverão os negócios que conseguirem se adaptar no mesmo ritmo do surgimento das mudanças.

Há pouco mais de dez anos, ninguém tinha ouvido falar nas redes sociais e nos aplicativos de celular que estão na moda agora – e sabe-se lá até quando continuarão nesse lugar, porque, com a velocidade com que as tecnologias avançam, o que é "da moda" rapidamente pode deixar de ser. Até pouco tempo atrás, os jovens, quando muito, usavam disquetes para salvar trabalhos que pesquisavam na biblioteca e conversavam pelo mIRC, que, para quem não conhece, era a rede social usada nos anos 1990, que rodava em um computador daqueles de tubo e com internet discada.

Se você viveu essa época, talvez sinta como se eu estivesse falando de um milhão de anos atrás... Na verdade, lista telefônica, vinil, fita cassete, disquete, datilografia e internet discada, por exemplo, duraram várias décadas, mas sumiram tão logo surgiu o aparelho celular, que substituiu várias dessas tecnologias de uma vez só.

Hoje nós vivemos na era da velocidade também no mundo dos negócios – e precisamos correr, porque as novas gerações já vêm com os dedos preparados, adaptados ao *touch screen*, ao 5G, à rapidez das ações, à convergência de mídias etc. Não adianta mais viver no mundo com a visão do empresário analógico, que faz tudo da maneira antiga porque "sempre deu certo assim". O jogo é aqui e agora, portanto é preciso seguir o que está dando certo aqui e agora. O passado é apenas história, e é no presente que devemos agir para ter sucesso. Até porque se passado fosse tão importante assim, essas empresas mais antigas levariam vantagem, não é?

Se você, leitor, tiver mais de 20 anos, provavelmente se lembra de empresas como a BlackBerry, primeira líder mundial em smartphones. Bem, ela sumiu. A Atari, marca de videogame; a Compaq, dos primeiros computadores; a Kodak, de material fotográfico; e a Blockbuster, de aluguel de filmes, são exemplos de empresas que eram enormes, mas desapareceram completamente, sugadas pelas novas demandas do mercado.

MUDAR PARA NÃO FECHAR

Mas o que isso tem a ver com o seu negócio? Tudo! Se as coisas mudam tanto assim e numa velocidade tão grande, você precisa conseguir acompanhar. Precisa mudar a forma de lidar com o colaborador e com os concorrentes, de captar clientes, de administrar o dinheiro, senão será engolido também. A Apple não era líder mundial quando lançou o iPhone, a BlackBerry era. Qual das duas você encontra hoje com mais facilidade andando pela rua ou nas mãos dos seus amigos?

Algumas empresas já nascem na crista da onda. Foi assim com Netflix, Instagram, Spotify, Tinder, Uber, YouTube, Airbnb, iFood e tantas outras – empresas de segmentos variados: entretenimento, transporte, alimentação, paquera, rede social e hospedagem. Mas lembre-se de que todas essas, que atualmente são grandes potências mundiais, nasceram como empresas pequenas – toda empresa grande foi uma pequena que deu certo!

O que essas empresas têm em comum para conseguirem alcançar o sucesso que atingiram com menos de dez anos de mercado? Essa é uma das perguntas que você precisa se fazer para começar a mudança na forma de pensar a sua própria empresa. Será que você realmente vai até onde está o seu cliente? Será que você é tão diferente do seu concorrente quanto acha? Você sabe o que seu cliente pensa sobre você, sobre seus colaboradores ou seu produto?

Quando falo em inovação, a primeira coisa em que todo mundo pensa é tecnologia, e sempre tem alguém que diz que o segmento em que atua não é capaz de modernizar nada, de instaurar nenhuma nova tecnologia. Porém, nem sempre você precisa reinventar a roda. Faça o simples, mas faça bem feito. Talvez precise usar a tecnologia como meio, e não como fim, do negócio.

QUAL É A SUA DOR?

Vou ao Vale do Silício todo ano. Caso não saiba, essa é uma região da área da Baía de São Francisco, na Califórnia (EUA), onde estão os escritórios das maiores empresas e startups do mundo, além de ser o maior berço mundial de novas tecnologias. A região fica próxima a universidades renomadas, como Stanford e o Centro de Pesquisa da NASA. Visitando as empresas do Vale do Silício, percebi uma constante: foco em resolver problemas. A maior parte das empresas que hoje estão comandando o mercado resolveu dores de seus clientes de maneira simples e rápida.

O que essas empresas têm em comum para conseguirem alcançar o sucesso que atingiram com menos de dez anos de mercado?

Muitas empresas aqui do Brasil estão crescendo tanto quanto as do Vale, e eu pergunto a você: sua empresa está crescendo? Se sim, ela está crescendo com todo o seu potencial? Saiba que nem você nem sua empresa estão condenados a ser os mesmos para sempre.

Independentemente de estar muito bem ou muito mal, você não deve ter a mesma empresa para sempre. É preciso estar atento a novidades, tendências, tecnologias; observar tudo à sua volta e agir rapidamente. E é bom que faça isso de uma forma que lhe dê prazer. Afinal de contas, quem abre uma empresa normalmente quer ter mais liberdade, seja de criação, de tempo ou financeira. A pessoa que resolve empreender busca algo a mais, mas, certamente, esse algo a mais não é peso, preocupação ou estresse.

Muitos empresários passam por várias dificuldades dentro da empresa, mas guardam tudo para si. Agem como se estivessem dentro de uma redoma de vidro. Estão cheios de problemas que não querem que ninguém saiba, e se ninguém pode saber, ninguém pode oferecer ajuda. São bons profissionais que largam o emprego fixo para empreender e acabam trocando a vida pelo trabalho. Passam a viver em função do negócio e perdem momentos valiosos e únicos em família com a justificativa de estar fazendo o melhor para eles...

Qual é a sua dor, empresário? O que na sua empresa parece um fardo, em vez de ter um aspecto libertador? O que você precisa mudar? No que precisa de ajuda dos seus colaboradores, sócios ou mesmo da família?

Ser esse empresário da redoma de vidro pode ser muito solitário, cansativo e, muitas vezes, doloroso. Então, por que você continua aí dentro? Saia já! Deixe os problemas serem vistos! Talvez apareça alguém que consiga ver a questão por outro ângulo e que traga uma solução em que você não conseguiu pensar. Descentralize, delegue atividades, vá passar um tempo de qualidade com sua família. O objetivo de um negócio vai muito além de apenas "dar certo" ou ter dinheiro no caixa.

Quando abri minha empresa, tinha um pensamento em mente: queria ajudar esses empresários que andam por aí sozinhos, que não dividem nada, não solucionam os problemas e acabam perdendo o melhor que há da vida!

Foi também pensando nisso que escrevi este livro. Pensando nas pessoas que querem mais, que têm sede de crescer, mas querem ter uma vida boa e uma empresa da qual se orgulhem; daquelas que as façam trabalhar com paixão. Pessoas que não vejam a empresa como um fardo, mas como uma luz no fim do túnel, uma saída para a vida, em todos os sentidos.

Descentralize, delegue atividades, vá passar um tempo de qualidade com sua família. O objetivo de um negócio vai muito além de apenas "dar certo" ou ter dinheiro no caixa.

CAPÍTULO 2:
Estamos todos no mesmo barco

ormalmente, ser dono de um negócio é uma posição de destaque, de certo glamour, mas pode ser também uma função solitária. A pressão de ser o único e maior responsável pelo destino, sucesso ou fracasso de uma empresa é o que reflete diretamente na condição de vida da sua família e na de seus colaboradores – e isso, por muitas vezes, pode se tornar um fardo pesado e difícil de se carregar sozinho.

Quando falo que erros fazem parte do processo, muitos empresários se assustam justamente por se imaginar sozinhos nessa posição tão crucial, precisando se responsabilizar pelas consequências de cada erro, até chegar ao acerto. É claro que isso pode ser assustador. Mas saiba, empresário, que você não precisa estar nessa sozinho.

Caso não me conheça, saiba que eu, Marcos Freitas, sou um cara que vim de baixo. No meu primeiro emprego, aos 18 anos, eu era estoquista de uma loja e ia trabalhar de bicicleta. Chegava cedo para carregar e descarregar caminhão.

Quem passa por mim hoje nos corredores do Seja Alta Performance, ou vê uma publicação minha numa rede social, pode imaginar que sou alguém "com a vida ganha", mas isso está longe de ser verdade. Casei muito cedo, cerca de vinte anos atrás. Minha esposa, nessa época, ainda era muito jovem e logo engravidamos de nossa primeira filha, hoje com quase 18 anos. Por isso, passei por alguns momentos bem difíceis.

Como todo bom brasileiro, tive dificuldades pessoais, a maioria envolvendo falta de dinheiro... Lembro-me da que mais me marcou. Foi numa época em que meu sogro nos ajudou pagando o aluguel de onde morávamos, minha mãe comprou o meu carro, nossos amigos se juntaram para comprar a mesa da cozinha. Eu estava com 20 e poucos anos e trabalhava vendendo plano de telefonia, mas esse emprego não era suficiente. Uma noite, quando cheguei em casa, não tinha comida.

Então, minha esposa disse que nossa filha estava doente e precisava de um remédio. Abri a geladeira e lá tinha apenas uma garrafa d'água e um pacotinho de bolachas salgadas. E eu não tinha dinheiro para nada. Nessa noite, eu me senti muito mal, me senti um lixo, para falar a verdade.

Sinto que foi nesse dia que uma luz se abriu para mim e eu pensei: *Caramba! A partir de hoje vou fazer o que for preciso, mas não passo mais por uma situação de sufoco financeiro como essa na minha vida! Não vou mais reclamar da minha criação, do governo ou do meu chefe, eu vou correr atrás e fazer a minha parte.*

COMANDANDO MEU BARCO

Tomei uma decisão e precisei agir! Se a situação do meu barco era aquela, eu ia assumir o controle e navegar rumo ao meu objetivo. Não havia outra opção a não ser o destino que eu mesmo tracei para mim naquela noite. No dia seguinte, passei dois cheques sem fundo para comprar os remédios e a comida lá para casa – e consegui quitá-los pouco tempo depois, antes de serem sacados.

Minha decisão tinha sido firme e não a abandonaria: eu seria um grande profissional. E em menos de dez anos já tinha me tornado um grande executivo! Como fiz isso?

Como comentei, trabalhei numa empresa de cujo crescimento participei diretamente como gestor. Vi a minha equipe sair de quatro pessoas para mais de setecentas. Passei de funcionário do estoque a gestor de uma operação nacional, encarregado do planejamento estratégico de uma empresa que faturava 500 milhões de reais por ano. Participei ativamente e acompanhei esse crescimento todo da linha de frente.

Durante a minha ascensão até chegar à função de gestor, passei por diversos cargos e, em vários deles, via colegas colaboradores reclamando do trabalho, enquanto eu me orgulhava imensamente somente por ter onde trabalhar! Depois das grandes dificuldades financeiras que passei, para mim, aquela era a oportunidade de ganhar dinheiro, de encher a geladeira e da minha família nunca mais passar necessidade.

Tomei uma decisão e precisei agir! Se a situação do meu barco era aquela, eu ia assumir o controle e navegar rumo ao meu objetivo.

Eu não conseguia entender por que existiam tantos funcionários que pareciam estar ali obrigados, que falavam mal do chefe e da empresa, quando era exatamente dela que vinham seus sustentos! Eu poderia ter sido mais um desses colaboradores insatisfeitos, que trabalham controlando o relógio e rezando para bater o ponto, para o final de semana chegar e o salário cair na conta. Mas escolhi ser amigo da empresa – exatamente porque percebi que poderia crescer muito mais sendo amigo do negócio, que quanto mais a empresa prosperasse, mais eu ganharia! Entendi, também, que era de lá que sairiam meus maiores sonhos.

Lá, vivi todas as dores de uma empresa que queria muito crescer em um cenário extremamente competitivo, com margens de lucro baixas e grandes *players* nacionais e internacionais. A briga sempre foi entre gigantes! E a Ibyte, onde eu trabalhava, conseguiu se manter sempre no topo, na liderança do mercado em que atuávamos. Eu fazia parte de um grupo seleto de gestão e ganhava um salário alto para isso.

Há cinco anos, porém, tomei mais uma decisão importante. E ela foi crucial para eu estar onde estou hoje.

EU QUERIA MAIS

Nessa época, eu já era gestor comercial da indústria, do varejo, do corporativo e do atacado, posição que me rendeu muitos aprendizados e base para entender de todos esses segmentos. Era o encarregado também do planejamento estratégico – algo, inclusive, que muitas empresas não têm até hoje –, e cheguei a reunir mais de setenta gestores para traçar o futuro da empresa.

Eu era muito bem remunerado e entregava resultados astronômicos. Mas sentia algo arder em minha alma... Um desejo incontrolável de fazer mais, de ir além. Era algo que eu sabia que não poderia satisfazer fazendo a mesma coisa que vinha fazendo. Até porque, há muito tempo aprendi que não é possível mudar um cenário da vida fazendo sempre a mesma coisa. O que você já faz resultará sempre nas mesmas coisas que você já conhece.

Eu sentia vontade de ajudar outras empresas, pequenos e médios empresários, que queriam vencer da mesma forma que vi acontecer com a empresa em que eu trabalhava. Queria que outros empresários brasileiros conseguissem alcançar os patamares do sucesso para poder desfrutar dos louros do empresariado. Esse foi o momento em que eu resolvi pedir demissão da Ibyte para me dedicar aos meus projetos pessoais e realizar meu grande sonho, saciar esse desejo. Mais uma vez, assumi as rédeas do meu destino e decidi que, a partir de então, cabia a mim tudo o que viria pela frente.

TOMAR AS RÉDEAS PODE NÃO SER FÁCIL

Lembro-me bem do dia em que pedi demissão. Conversei com meus chefes e acabei aos prantos no chão, em frente aos sócios da empresa. Depois, passei cerca de trinta minutos dentro do carro, ainda parado no estacionamento, apenas gritando. Hoje entendo que aquele foi um grito de liberdade.

Seria hipócrita dizer que nunca errei na vida. Pelo contrário, já errei muito. A questão é que hoje entendo que os erros fazem parte do processo. E diria, inclusive, que eles são uma das partes mais imprescindíveis da caminhada, seja no mundo dos negócios, na carreira profissional ou mesmo na vida pessoal.

O erro é a melhor ferramenta de ensino de que dispomos! E a mais rápida também! Porque uma coisa é alguém dizer que o que você está fazendo "pode" dar errado, mas você não conseguir enxergar isso porque não tem essa visão do futuro e acredita no que está sendo feito. Mas quando o erro aparece de fato, quando a coisa dá errado e você começa a ver claramente onde errou, o aprendizado é quase automático. Muito dificilmente você cairá no mesmo erro novamente.

OLHANDO PARA DENTRO

Sempre assumi meus erros e os considerei uma chance de aprender mais. Como gestor empresarial, me encarreguei das reuniões de planejamento da empresa. No decorrer desse tempo, a maior lição que dava a todos durante essas reuniões era "nunca culpar ninguém por nada". Se existe um erro, uma falha, algo que não vai bem dentro da empresa, seja na logística, no comercial, na distribuição, onde for, cada setor deve se responsabilizar pelo que lhe cabe. Méritos e deméritos, cada um sabe onde aperta seu calo e pelo que deve assumir a responsabilidade.

Todo ano surgia um novo problema, isso era bastante comum. Como falei, problemas sempre vão existir. Embora sempre busquemos alguém para culpar e assim diminuir nossa responsabilidade, nunca aceitei esse tipo de comportamento da minha equipe. Hoje, na minha empresa, isso é ainda mais forte.

Aliás, atualmente, acredito que se a sua equipe vive cheia de desculpas, o maior culpado é você – chefe, gestor, dono da empresa –, que aceita que façam isso. Então, chega! Hora de focar em olhar para dentro, porque, invariavelmente, você vai descobrir que os maiores problemas da sua empresa são internos, não externos. Lembre-se de que você é o capitão desse navio e de que você é o detentor do poder do leme – até mesmo se decidir fechar a empresa.

O QUE É RUIM NÃO DEIXA SAUDADE

Muitos empresários me olham enviesados quando falo que, às vezes, a melhor solução para uma empresa que vai mal é fechar as portas.

Certa vez, depois de ministrar um curso, um cliente que participou do evento me mandou uma mensagem, dizendo: "Fechei minha empresa". Imediatamente, perguntei: "Fechou? Como é que pode?". Eu lembrava dele durante a imersão como um participante ativo, engajado, e quis entender o que aconteceu.

"Marcos, eu fechei uma empresa que não funcionava. Eu estava brincando de ser empresário, correndo atrás do rabo, brincando de ter empresa... No fim das contas, eu trabalhava que nem um condenado de segunda a segunda, não tinha tempo para minha família, não via nem a cor do dinheiro... Isso tudo apenas pelo orgulho de me dizer empresário! Então resolvi fechar, porque o que é ruim não deixa saudade", foi o que ele me disse.

Pouco tempo depois, soube que ele abriu um novo negócio no mesmo segmento. Hoje, ele tem uma empresa que é destaque no que se propõe e é um empresário totalmente diferente daquele que fez o curso comigo.

PLANEJAR É OLHAR PARA O FUTURO

Planejar é traçar caminhos, prever possibilidades – tanto boas quanto ruins –, é desenhar novos sonhos, é olhar para o futuro e abandonar as coisas do presente que não estão funcionando, é instaurar novas ações para que o futuro que você deseja seja possível. Mas claro que é preciso coragem para largar ou mudar as coisas que não estão funcionando.

Talvez essa colocação possa soar estranha. Afinal de contas, se algo não funciona, ou é de certa forma ruim, por que alguém sentiria dificuldade em largar? E por isso eu digo que, muitas vezes, a zona de conforto lhe impede de mudar.

A pessoa que percebeu que o antigo negócio não ia bem e que a melhor solução era fechar as portas precisou de muita coragem. Porque o ato de fechar a empresa significou uma infinidade de processos burocráticos, demissões, reconhecimento de erro, perda do capital investido etc. Mas, ao sair da zona de conforto (que, segundo ele mesmo disse, nem era assim tão confortável) e ter coragem de fechar a empresa, ele abriu espaço na sua vida para novas oportunidades, o que gerou um novo futuro, com um novo projeto, dessa vez mais estruturado, com um empresário mais ciente, mais experiente e mais conhecedor do assunto, que pode fazer a empresa prosperar de maneira mais leve e assertiva.

EU TAMBÉM JÁ ME SENTI SÓ

Muitas vezes já me senti só. Já me senti angustiado, cheio de medos e dilemas, com a sensação de que não existia ninguém no mundo que pudesse entender as minhas preocupações ou me ajudar a resolver meus transtornos.

Você, empresário, que lê agora este livro, alguma vez já se sentiu como se não tivesse com quem dividir seus problemas ou mesmo compartilhar suas ambições? Você imagina o porquê de isso ser um sentimento tão comum entre os donos de negócios brasileiros?

Depois de ter feito treinamentos com diversos empresários dos mais variados nichos de mercado, percebi que esse é um aspecto que a grande maioria tem em comum. Alguns dizem que são fechados a essas conversas, são centralizadores e têm dificuldade em confiar coisas tão importantes a outras pessoas.

Já ouvi também empresários que relataram não ter com quem conversar sobre esses assuntos, ou que já tentaram com uma ou outra pessoa e não tiveram boa receptividade. Particularmente, acredito que essa confusão e essa desconfiança são as grandes razões da solidão corporativa.

Às vezes, é possível que exista uma empresa com um, dez, cem ou até mil colaboradores, da menor a maior equipe de gestão, e mesmo assim o empresário, o dono do negócio, se sinta carregando sozinho o peso de o sucesso da empresa definir a vida de muitas pessoas.

GUERRA INTERNA EM ALTO-MAR

Nas minhas empresas percebi que um dos grandes fatores do sucesso é a comunicação clara entre toda a equipe e o alinhamento de todos com os objetivos da organização. Esse posicionamento já é uma resposta ao sentimento de solidão do empresário.

Pense bem: quando uma equipe não tem objetivos claros a cumprir, é como um navio em alto-mar sem destino, que fica vagando, boiando, deixando-se levar pelas ondas, sem saber para onde ir – e, consequentemente, sem se preocupar em chegar a lugar algum. Até porque, como diz a famosa frase de Lewis Carroll, "Se você não sabe para onde que ir, qualquer caminho serve".

Começa aí, então, uma verdadeira guerra interna nas empresas, na qual os objetivos do dono e da empresa como um todo são opostos aos objetivos dos colaboradores, que são o time responsável por pilotar o navio adiante!

Se apenas o capitão sabe até onde o barco deve chegar, mas ele não traça a rota e não apresenta à tripulação o plano de navegação, muito dificilmente encontrará coerência entre seus colaboradores e o planejamento. Como é possível que façam algo que nem mesmo sabem que existe?

O que acontece na prática? A diretoria da empresa até tem os objetivos a cumprir, mas não os comunica ao time e não treina os colaboradores com o pensamento voltado para estas metas. Então, os colaboradores passam o dia inteiro trabalhando "à deriva", fazendo o operacional rodar o mínimo possível e sem nenhum foco no objetivo – já que não o conhecem. Trabalham apenas "por trabalhar", para cumprir horário, aguardando ansiosamente o final de semana e esperando cair o salário na conta para, no próximo mês, começar tudo outra vez.

Caso tenha enxergado você, sua empresa ou algum colaborador da sua equipe nesse exemplo, cuidado! É hora de tomar conta do leme e direcionar esse time. Comunique-se com sua equipe. Mostre que estão todos no mesmo barco e que precisam alinhar suas velas para o sucesso da jornada. Demonstre em indicadores reais quanto eles podem se beneficiar com a prosperidade da empresa. Faça-os sentir parte dela, vestir a camisa; não apenas "bater ponto", mas torcer junto, vibrar as conquistas. Mostre que eles não estão sozinhos – e nem você.

ESTOU SEM TEMPO, IRMÃO!

Não é só de solidão que é acometido um empresário. Algumas vezes me deparei com alguns do time do "estou sem tempo, irmão!". Sem tempo para fazer um curso de profissionalização, sem tempo para cuidar da saúde, fazer uma caminhada pela manhã, ir à uma consulta médica (que é constantemente adiada), tirar uma semana de férias com a família, levar a filha ao cinema ou participar de uma comemoração com os amigos.

Você talvez já tenha conhecido alguém assim. Aquele cara que só trabalha, trabalha e trabalha o dia inteiro, que está vinte e quatro horas por dia na empresa, sempre em reunião, que não larga o celular e mal consegue fazer uma refeição sem atender um telefonema, que checa o e-mail de hora em hora e parece só ter a empresa como assunto.

Não seja esse cara!

A maioria das pessoas que deixa um emprego com carteira assinada para empreender faz isso pensando em ganhar liberdade. Sim, esse é um dos maiores e mais frequentes motivos pelo qual alguém almeja a vida de empresário... Ninguém mandando em você, tomar as próprias decisões, trabalhar a hora que quiser e não ter limite de lucro.

Só que quem tem essa ideia se esquece da parte em que a empresa toma tanto da sua vida que não sobra tempo para fazer mais nada, mesmo que ninguém mande em você. O novo empreendedor deixa de trabalhar batendo o ponto para trabalhar vinte e quatro horas por dia, seja na empresa ou em casa – sim, porque quando você é dono do negócio, os problemas não param às seis da tarde, eles o seguem para onde você for, a qualquer hora.

VALE A PENA?

Por mais que hoje você consiga ter resultados satisfatórios na sua empresa, eu pergunto: vale a pena? O que você ganha hoje vale tudo o que você faz? Vale não ter tempo de cuidar de si, não ter mais tempo com sua família? Vale perder os momentos de desenvolvimento de seus filhos? Vale a preocupação excessiva? Vale o medo e toda a angústia? Vale a centralização das responsabilidades e toda a culpa quando não dá certo?

A busca incessante pelo dinheiro e pelo "sucesso" parece nunca ter fim... e acaba tornando-se mais cansativa do que deveria. Mais uma vez, pergunto: empresário, você acha que vale mesmo a pena?

Vale a pena morrer afogado tentando salvar o seu barco para ele acabar ficando à deriva? O seu barco precisa do comandante no leme, conduzindo-o, mesmo que as águas estejam tempestuosas para todos. O barco e o leme são seus!

Comunique-se com sua equipe. Mostre que estão todos no mesmo barco e que precisam alinhar suas velas para o sucesso da jornada.

CAPÍTULO 3:
Reconhecer para resolver

A esta altura, você já deve ter percebido que sou terminantemente contra qualquer tipo de melindre, de "mimimi". E quando digo isso, entenda todas as desculpas clichês que ambos colaboradores e gestores costumam dar para justificar os resultados ruins da empresa.

Entra ano, sai ano, e seu gestor comercial culpa a inflação pelo baixo índice de vendas, culpa a falta de clientes na loja, a falta do produto X ou o valor do produto Y. É claro que existem crises no mercado, isso é inegável, mas o pulo do gato está exatamente no fato de as empresas estarem inseridas no mesmo mercado, o que torna o cenário igual para todas.

Inflação, governo, índice de desemprego, alta do dólar, falta de crédito ou qualquer outro problema fora da empresa do qual você se queixe são chamados de crises externas justamente porque o nome já diz tudo. Não duvide disso: todos os seus concorrentes também estão operando no mesmo cenário. Se o seu maior problema é algo que você não pode mudar, sobre o qual você não tem poder nenhum de ação, sugiro que olhe melhor para o cenário interno da sua empresa e procure o que vem dando errado ali dentro do seu campo de influência.

CRISE DE OPÇÕES

Dentre as várias situações que existem dentro da sua empresa e são passíveis de mudança em busca de melhores resultados, costumo elencar as cinco crises mais comuns e recorrentes entre os clientes que atendo. A primeira, como vimos, são as externas. E como não é possível agir em relação a elas, parto direto para as internas, sobre as quais podemos traçar planos de mudança, pois realmente temos poder para isso.

A segunda crise é a de opções. Mas o que é essa crise de opções?

Vamos fazer um exercício mental. Primeiro passo: saia um pouco da sua cadeira de dono ou gestor da empresa e tente pensar do ponto de vista do seu cliente. Quantas opções a sua empresa oferece para que o cliente chegue até ela? Será que é uma empresa de fácil acesso?

Segundo passo: pense numa marca de telefone celular. Hoje, no Brasil, existem 337 marcas de celular, com mais de 18 mil modelos diferentes.[3] No entanto, sempre que aplico esse exercício nos meus cursos e treinamentos, costumo ouvir no máximo três grandes nomes do mercado – e com a Apple sempre ali, liderando o ranking de memória das pessoas. Você, leitor, consegue nomear de cabeça mais de cinco marcas?

A Apple não é uma empresa que se preocupa muito com concorrentes. Todo produto lançado pela marca é bem aceito e encontra filas quilométricas de clientes que esperam para adquirir um exemplar no dia do lançamento, sem se importar com o preço ou com outra opção similar na loja ao lado – que, com certeza, existe.

Se fôssemos fazer esse mesmo exercício na sua cidade, só que agora com o produto ou serviço que sua empresa oferece, qual você acha que seria o resultado? A sua marca seria a primeira resposta das pessoas? O seu cliente lembra-se automaticamente de você quando pensa nesse produto ou serviço? Se a sua reposta for "não", sinto muito lhe dizer, mas você está na guerra de opções – e, o que é ainda pior: não está ganhando.

---

[3] TODAS as marcas. **Celulares.com Brasil**. Disponível em: https://br.celulares.com/marcas. Acesso em: set. 2021.

CRISE DE INOVAÇÃO

Enquanto a crise de opções funciona como um diagnóstico da sua marca no mercado, a terceira grande crise, a de inovação, é como uma previsão para o futuro.

Como dito, existem muitas empresas que pararam no tempo. Estão na mesma, fazendo tudo igual há anos. Empresas que se orgulham em dizer que sempre tiveram a mesma gestão, a mesma estratégia de venda nos mesmos canais, os mesmos colaboradores, os mesmos produtos ou serviços... e por aí vai.

Façamos uma reflexão. Você consegue pensar em alguma empresa, no Brasil, na sua cidade ou no mundo, que já foi muito grande e dominava o segmento em que atuava, mas acabou sumindo completamente?

De lojas locais a grandes conglomerados, muitas empresas antigas que decidiram fazer sempre a mesma coisa e não seguiram a onda de inovação do mercado acabaram fechando as portas. Antigamente, era comum uma empresa passar dez, vinte, trinta anos fazendo a mesma coisa, com o mesmo quadro de funcionários ou a mesma cartela de clientes, e não quebrar. Mas agora, nos tempos atuais, na Era da Tecnologia e da Inovação, tudo acontece com muito mais velocidade e em níveis exponenciais. Rapidamente, uma empresa da qual ninguém ouviu falar consegue se tornar uma unicórnio[4,5] e liderar o mercado. E isso pode acontecer tão rápido quanto uma empresa gigantesca é capaz de quebrar e fechar as portas – talvez até dentro de um mesmo segmento. Posso garantir a você que o fator principal para uma empresa se tornar um grande sucesso hoje é também o que a leva a fechar as portas. E esse fator é a inovação.

---

[4] Unicórnio é o termo dado a uma startup que consegue atingir valor de mercado de mais de 1 bilhão de dólares. O termo surgiu em 2013, nos EUA.

[5] PADRÃO, M. Sete startups brasileiras estão em Top 10 de unicórnios latinos; Nubank lidera. **Canal Tech**, 7 jul. 2021. Disponível em: https://canaltech.com.br/startup/sete-startups-brasileiras-estao-em-top-10-de-unicornios-latinos-nubank-lidera-189209/. Acesso em: set. 2021.

Um exemplo que acho incrível é o dos veículos automotivos. O primeiro veículo movido à gasolina foi patenteado em 1886 por Carl Friedrich Benz e tinha apenas três rodas.[6] Desde esse dia até a modernidade, muitas empresas de automóveis surgiram ao redor do mundo, com uma infinidade de marcas, modelos e usabilidades. Mas a maioria sempre com várias coisas em comum, sendo uma delas o fato de que os carros precisavam de combustível – gasolina, diesel ou etanol.

Até que, em 2008, Elon Musk, fundador e atual CEO da Tesla, decidiu que venderia carros elétricos – e os transformaria em verdadeiros objetos de desejo. Alguns protótipos similares até já existiam no mercado, mas o seu Tesla Roadster, primeiro carro lançado pela empresa, foi um sucesso imbatível. Hoje, o empresário está no topo do ranking das pessoas mais ricas do mundo, com uma fortuna avaliada em mais de 174 bilhões de dólares.[7]

O que ele fez de tão especial? Inovou. Ele pegou algo que o mercado já conhecia muito bem e o refez completamente diferente. Enquanto a maioria se preocupava em fazer mais do mesmo, em lançar produtos iguais, ele inovou. Hoje, o valor da Tesla é maior do que a soma das maiores fabricantes de carros do mundo.[8]

Você pode até pensar que esse é o tipo de coisa que acontece com um em um milhão, uma raridade, situação extrema. Mas tenha certeza de que é possível perceber casos assim em empresas pequenas da sua cidade ou mesmo dentro do seu segmento. A crise de inovação é algo real e muito palpável. Não é mais

---

[6] HEINISCH, C. 1886: Carl Benz obtém patente para veículo automotivo. **DW Brasil**, 29 jan. 2020. Disponível em: https://www.dw.com/pt-br/1886-carl-benz-obt%C3%A9m-patente-para-ve%-C3%ADculo-automotivo/a-420668. Acesso em: set. 2021.

[7] QUANTO vale a fortuna de Elon Musk, comparada a países, aviões e times de futebol. **Época Negócios**, 28 maio 2021. Disponível em: https://epocanegocios.globo.com/Mundo/noticia/2021/05/quanto-vale-fortuna-de-elon-musk-comparada-paises-avioes-e-times-de-futebol.html. Acesso em: set. 2021.

[8] PRADO, M. Tesla já vale mais que todas montadoras tradicionais juntas; receita está longe. **CNN Brasil**, 14 jan. 2021. Disponível em: https://www.cnnbrasil.com.br/business/tesla-ja-vale-mais-que-todas-montadoras-tradicionais-juntas-receita-esta-longe/. Acesso em: set. 2021.

tão somente uma questão de escolha, de sair na frente ou ser único. Ou você inova ou o mercado pode não ter mais espaço para você. Simples assim.

CRISE DE MÃO DE OBRA

O que me leva à quarta crise – que talvez seja uma grande queixa dentro da sua empresa. Já ouvi muitos empresários dizerem: "Marcos, a mão de obra do Brasil não presta! Não é boa, não funciona! Não consigo contratar mão de obra boa!". Mas será que isso é verdade?

Parei para pensar nesse assunto. Vi que existem muitas empresas estrangeiras, estadunidenses, chinesas, inglesas etc. que funcionam muito bem no Brasil. Empresas que têm resultados muito bons com funcionários brasileiros, seja dentro do país ou no exterior.

Durante as visitas que fiz a empresas no Vale do Silício, berço da inovação tecnológica, por exemplo, era muito comum me deparar nos corredores com brasileiros que vinham cumprimentar o grupo ou mesmo encontrá-los em suas estações de trabalho – fui inclusive guiado em uma visita por um colaborador brasileiro que ocupa um grande cargo de gestão lá. E agora, pergunto: será que é mesmo a mão de obra que não é boa?

Pode até ser que você não acredite no que vou dizer, mas tente pensar nisso por um momento: não é que a mão de obra no Brasil seja fraca. Muito pelo contrário, é uma das melhores do mundo! O brasileiro é conhecido mundialmente por ser criativo, dinâmico, resiliente, trabalhador, competente e muito inteligente. Então, por que existe tantos empresários que dizem que a mão de obra na empresa é ruim?

Porque existem muitas empresas que contratam de qualquer jeito! Confesse: a sua empresa é um local bom para trabalhar? É uma empresa dinâmica, que oferece ao colaborador atrativos para reter um talento? Lembre-se de que "pagar em dia" e dar vale alimentação não é mais do que a obrigação. Como você

Você que reclama da mão de obra, o que faz por ela? O que faz para estimular o colaborador, para desafiá-lo a ser melhor? pode querer ter a melhor mão de obra dentro da empresa, um colaborador extraordinário, proativo, que pensa como dono do negócio e faz tudo pensando no melhor da organização – e não apenas em bater o ponto para voltar logo para casa – se sua empresa não é divertida, se sua gestão é fria, sem graça e se os gestores não inspiram os colaboradores?

Você que reclama da mão de obra, o que faz por ela? O que faz para estimular o colaborador, para desafiá-lo a ser melhor? O que oferece para que ele aprenda, melhore seus processos, sinta-se bem para trabalhar e queira crescer dentro da empresa?

O ambiente que você proporciona para os colaboradores permite que eles pensem como donos, tomem decisões autônomas e sejam autorresponsáveis – fatores que formam, geralmente, o perfil do tal colaborador incrível? Ou você tem uma gestão centralizadora, com colaboradores que não podem dar opiniões, apenas cumprem o operacional e nunca recebem feedbacks? Você gera reconhecimento para os melhores trabalhadores ou prefere não os destacar para não se indispor com os outros?

Nesse ponto chegamos a outro grande problema das empresas, sempre reportado nos treinamentos que faço com empresários: as guerras internas. Aquele aspecto do negócio que só os colaboradores veem: a ineficiência da gestão.

CRISE DE GESTÃO

A quinta crise é a má gestão. Enquanto você, empresário, quer aumentar as vendas, reduzir as despesas, aumentar a margem de lucro e tudo o mais, a maior parte das pessoas da sua empresa está querendo que chegue logo o próximo feriado. É como um veículo com dois motoristas: um querendo seguir para a direita e outro para a esquerda. O que você acha que vai acontecer?

Já vimos que existe, sim, mão de obra boa no Brasil. É claro que também existe a ruim, mas há muita gente boa e disponível para trabalhar. O grande problema nessa questão é que talvez você não saiba como encontrar essas pessoas, como contratá-las ou mesmo como engajar o seu time.

Existem empresas que funcionam como aquele filme antigo ...*E o vento levou*. As empresas encerram um ano e começam outro sem planejamento, sem estratégia, sem traçar metas, sem mapear resultados. A porta apenas se abre e se fecha todos os dias. E seja o que Deus quiser.

Por incrível que pareça, existem empresas que funcionam por meses sem meta de vendas ou controle de despesas, sem campanha de meritocracia para os funcionários. Empresas que não fazem pesquisas com os clientes para entender melhor o público ou avaliar o próprio atendimento.

Aliás, existem empresas que mantêm no quadro de funcionários colaboradores que não estão engajados nem comprometidos, que não se importam se a empresa está lucrando bem, se está crescendo ou não. São funcionários que só querem saber do seu salário no fim do mês.

Ainda hoje, existem empresas cujos donos querem saber e fazer tudo, que consideram verdadeiras frases do tipo "só o olho do dono engorda o gado", que centralizam operações e estratégias, impedindo que o time trabalhe no que é bom, no que foi contratado para fazer.

O MAIOR PROBLEMA DA MINHA EMPRESA SOU EU

É fato que você não pode operar na crise econômica que é externa a você, cuja solução está fora do seu alcance e é igual para todas as empresas. Mas as outras crises mencionadas – de opções, de inovação, de mão de obra e de gestão – são internas, ligadas diretamente a ações que você pode mudar, se quiser.

Você tem nas mãos o poder de resolver quatro das cinco grandes crises que sua empresa pode estar sofrendo hoje. Então, faça como eu fiz e como sugiro a todos os empresários que já conheci: assuma esse poder.

Olhe para dentro da empresa com um viés mais estratégico. Esqueça a paixão que tem pelo seu negócio, a dor, as dificuldades, o caixa que não bate e os tantos outros problemas. Esqueça-se de tudo isso e faça um diagnóstico honesto, tentando responder onde está o maior problema da sua empresa.

O seu maior problema é na crise de opções? Talvez sua empresa não esteja tão bem-posicionada no mercado ou sua marca não seja tão forte. O que fazer em relação a isso?

Se você acha que sua crise é a de mão de obra, qual você acredita que seria o melhor perfil de colaborador para sua empresa? Como você pensa em buscar e engajar esse profissional para trabalhar no seu negócio?

Agora, se o problema for a falta de inovação, má gestão ou até mesmo todas as crises internas juntas, saiba que esse não é o momento de se desesperar, mas de ser sincero e honesto consigo e de firmar um compromisso com seu negócio.

TER PROBLEMAS É BOM?

Uma vez, em um treinamento para um grupo de empresários, alguém me perguntou: "Marcos, identifiquei que tenho todos esses problemas na minha empresa! Isso é muito ruim?!". "Ruim? Isso é maravilhoso!", respondi, chocando a todos que estavam presentes no dia. E continuei: "É maravilhoso, sim. Primeiro, porque você foi capaz de identificar em que está errando. Segundo porque, do que você identificou, tudo é aspecto interno, são coisas sobre as quais você tem poder para mudar! Você pode contratar alguém novo e se posicionar melhor no mercado, trazer mais inovação para seu negócio, melhorar a mão de obra e estudar para gerir melhor sua empresa. Ruim mesmo seria se o seu problema viesse

> *Então, faça como eu fiz e como sugiro a todos os empresários que já conheci: assuma esse poder.*

de um fator externo, sobre o qual você não pode fazer nada!".

Entendeu o que estou querendo dizer? Se você, empresário, assim como esse do treinamento, visualizou a sua empresa durante a leitura das crises, saiba que isso é uma coisa muito boa. Até porque identificar os problemas é o primeiro passo para resolvê-los. Quem realmente deseja o crescimento do seu negócio precisa entender que posicionamento no mercado, inovação, mão de obra e gestão são os pilares da mudança interna da sua empresa! Resta a nós, empresários, donos de negócios e gestores de equipes, entender que o mundo está mudando e agir para evitar essas crises e crescer no mercado atual.

NADANDO CONTRA A CORRENTE

O mundo está mudando e os negócios não podem ficar de fora. Se o mundo passa por mudanças, muda também a forma de consumo, a maneira de lidar com os colaboradores, de captar clientes, de lidar com o dinheiro e até com os concorrentes.

Se você não quiser ser engolido pelos tubarões que nadam nos oceanos dos saldos bancários negativos, que estão cheios de pequenas empresas que fazem tudo igual – tipo aquelas várias marcas de celulares de que ninguém se lembra –, precisa aprender a nadar contra a corrente.

A minha geração, e provavelmente a sua também, cresceu e foi educada em escolas que pouco valorizavam a individualidade dos alunos. Nossas opiniões não tinham tanta importância diante da matéria que precisava ser ensinada e aprendida. Portanto, muitas vezes, acabávamos decorando respostas apenas para passar de ano. Fomos "moldados" para pensar da mesma maneira e percebo que isso gerou uma falsa sensação de segurança. Como adultos, precisamos encarar um mundo que se transforma a todo instante e que nos desafia cada vez mais, mas acabamos reproduzindo esse antigo comportamento massificado.

As grandes empresas da atualidade, como Google, Apple, YouTube, Airbnb, Spotify, Tesla, e até as brasileiras Nubank e iFood, têm formatos de negócio totalmente disruptivos, que vão contra tudo o que já existia no mercado. Elas praticamente criaram do zero o nicho em que atuam. Empresas que não apenas inovaram, mas resolveram uma necessidade que o cliente nem mesmo sabia que tinha – hoje eles não conseguem mais viver sem a solução proposta por essas empresas.

NINGUÉM NASCE EMPREENDEDOR

Qual é o segredo, então, para ser tão disruptivo e inovador? O empresário brasileiro é do tipo que facilmente aceita investir fortunas em maquinários, pessoas e estruturas gigantescas, mas não é muito disposto a investir em estratégia. Quer ser dono de um negócio sem nunca ter estudado gestão. Esse comportamento vem de uma cultura que não possui o empreendedorismo no DNA. Porém, tudo se aprende.

Uma lição importante é: você não está sozinho nem precisa estar. Empresas crescem pelo trabalho de pessoas. Quero trazer você, leitor e empresário, para uma jornada de diferenciação. Uma jornada com muita gestão, velocidade, profissionalização, acompanhado de um time que o deixe orgulhoso. Você está disposto? Se sim, continue comigo. Já reconhecemos a necessidade, agora vamos decidir fazer as mudanças!

Quero trazer você, leitor e empresário, para uma jornada de diferenciação. Uma jornada com muita gestão, velocidade, profissionalização, acompanhado de um time que o deixe orgulhoso. Você está disposto?

CAPÍTULO 4:
Decidi mudar, e agora?

mbora tenha muitos obstáculos e desafios, não acredito que a jornada empresarial precise ser sofrida. Muito pelo contrário: deve ser um meio para viver o lado bom da vida. Ninguém decide empreender para viver pior do que já vinha vivendo – isso não existe.

Quando me perguntam durante os treinamentos o que é necessário para ser um bom empreendedor, além das tantas características bem conhecidas por todos, respondo que a pessoa precisa ter, primordialmente, muita coragem e boas doses de rebeldia. Porque é isso, junto ao profissionalismo e às técnicas de gestão, que vão levar tanto o empreendedor quanto a empresa ao próximo nível.

TENHA CORAGEM

Se engana quem pensa que ter coragem é sinônimo de não ter medo. A coragem não é a ausência completa do medo, do temor ou mesmo da intimidação. Ela representa a ação que acontece apesar da presença do medo. Agir mesmo com medo, não paralisar frente à ameaça, isso sim é coragem. Quando alguém se deixa levar pelo medo, não consegue sair do lugar e prefere não enfrentar a ação para evitar esses temores, é o que chamamos de covardia.

Levando isso para o mundo dos negócios, você, empresário, precisa ter coragem para mudar sempre que for preciso. Para se mexer, causar incômodo, sair da posição que você ou sua empresa se encontram hoje e alcançar novos patamares. Coragem para assumir responsabilidade sobre as mudanças que precisam ser feitas na sua empresa, seja na operação ou na gestão.

Você precisa, sobretudo, ter coragem para fazer o que for preciso para a empresa ser aquela que você sempre sonhou em ter. Lembra-se de quando você começou? Qual era o tipo de empresa com que sonhava antes de abrir seu negócio? Hoje você tem a empresa dos seus sonhos?

SEJA HONESTO CONSIGO MESMO

Seja honesto nas suas avaliações. Você não precisa justificar ou explicar nada para ninguém, não precisa prestar contas ou provar coisa alguma. Por isso, responda com honestidade as perguntas a seguir.

1 › *O que você precisa mudar na sua empresa?*

2 › *O que você ainda não fez e precisa assumir que está faltando coragem para fazer?*

3 › *Qual tipo de empresa você quer criar para o futuro?*

4 › *Você quer que este livro lhe encoraje a fazer o quê?*

Se puder, anote as respostas à parte, saia do nível do pensamento. Assuma esse compromisso consigo por meio da escrita. A coragem de que você precisa para transformar sua empresa pode começar aqui, neste momento.

SEJA REBELDE

Tão importante quanto ter coragem é ser rebelde.

Sim, você não leu errado. É preciso certa rebeldia para encarar o mercado nos dias de hoje. Primeiro, você precisa ser rebelde para não copiar o que já existe, não se ater ao senso comum e à segurança de fazer tudo o que todo mundo já faz. Deve ser disruptivo, romper padrões e criar novos modelos.

Em geral, a rebeldia surge da indignação com um cenário que incomoda. Um sentimento que faz a mente borbulhar e começa no "por quê?".

1 > *Por que ficar onde está se você pode ter uma empresa melhor?*

2 > *Por que manter na empresa pessoas que não querem ou não gostam de trabalhar nela?*

3 > *Por que ser igual aos demais?*

4 > *O que o deixa mais inconformado? Por que não mudar isso?*

Uma história de sucesso que começou exatamente com essa rebeldia foi a do Nubank.[9] Hoje uma das maiores instituições financeiras digitais do mundo, com milhões de clientes e operações no Brasil, no México e na Colômbia, o Nubank começou em maio de 2013 como uma pequena startup que pretendia fornecer soluções tecnológicas para problemas financeiros.

A *fintech*[10] foi uma ideia de três sócios, a brasileira Cristina Junqueira, o colombiano David Vélez e o americano Edward Wible, que se revoltaram com as principais características pelas quais os bancos tradicionais são conhecidos e sentiram a necessidade de mudar esse cenário. Eles queriam uma operação inversa aos sistemas lentos e ineficientes, aos altos níveis de burocracia, às taxas abusivas e ao péssimo tratamento oferecido ao cliente, que precisa encarar longas filas de esperas, portas metálicas e uma infinidade de papéis para conseguir qualquer coisa em uma agência bancária.

O que os sócios perceberam foi que, no meio desse verdadeiro oligopólio que são as instituições bancárias brasileiras, existia uma enorme oportunidade de enfrentar o sistema, lançar um modelo completamente disruptivo e conquistar

---

9   QUEM são os fundadores do Nubank? **Blog Nubank**, 13 out. 2020. Disponível em: https://blog.nubank.com.br/fundadores-nubank-david-velez-cristina-junqueira-edward-wible/. Acesso em: set. 2021.

10   Termo que vem do inglês *financial technology*, ou tecnologia financeira, em português.

o coração dos clientes exatamente indo contra tudo pelo que um banco é naturalmente conhecido.

Então, lançaram uma instituição financeira digital, moderna, com acesso via aplicativo de celular, sem agências físicas, com suporte ao cliente que funciona vinte e quatro horas por dia, sem burocracia, inclusiva e sem taxas. Como resistir? Em pouco mais de cinco anos, a empresa saiu do zero para 30 bilhões de dólares em valor de mercado estimado em 2021.

NÃO DUVIDE DO SEU POTENCIAL

Ainda não está convencido de que coragem e rebeldia podem mudar sua empresa? Vou apresentar mais um *case*, dessa vez de uma empresa cearense, provedora de internet, que participou de um dos programas de aceleração do grupo Seja Alta Performance.

Quando conheci os sócios dessa empresa, vivíamos o auge da maior crise econômica do país, causada pela covid-19, e os empresários não faziam mais nada além de reclamar. Eram três sócios e dois deles tinham um perfil bastante centralizador, focando na venda de planos residenciais. Propus, então, um projeto de três meses, no qual tomamos em conjunto a decisão de tentar mudar apenas o que tínhamos controle sobre, voltando o olhar para as questões internas que poderiam ser melhoradas. Em um processo de planejamento estratégico, definimos quem queríamos ser, de que iríamos precisar e como poderíamos expandir a empresa. Eles concluíram que queriam ser a melhor operação do estado e que, para isso, precisariam formar um time de gestão por área estratégica (operação, financeiro, vendas e marketing) e que expandiriam por meio das oportunidades.

Quando as ações começaram a acontecer, foi surpreendente saber que, internamente, a empresa já tinha os talentos necessários para tudo o que planejava e que a chance da gestão seria dada para a equipe que já trabalhava lá. Ao voltar o olhar para novas oportunidades, os sócios perceberam que não tinham ainda explorado o mercado corporativo e decidiram criar um novo canal focado nesse cliente.

O resultado final? Um crescimento de 795% na empresa, apenas por meio da aplicação da metodologia Alta Performance, que tem como base o foco na mudança interna, a partir da percepção e do entendimento da necessidade externa, do cliente – que é exatamente a metodologia que ensino em meus treinamentos e que apresento neste livro.

OUÇA O CLIENTE

Pode parecer óbvio, mas ainda tem muita gente que continua fazendo as mesmas coisas que não funcionam mais. E por que fazem?

Existe um *mindset* empresarial fixo de que se você começou a fazer algo, precisa continuar com aquilo e fazer sempre a mesma coisa; que precisa, de alguma forma, ter constância e persistência. Não concordo com isso e posso provar com exemplos simples, como a Apple, que não começou com celulares, e sim com computadores, mas soube aproveitar a oportunidade quando ela surgiu e hoje domina o mercado que nem era seu foco inicial.

Ou como a Coca-Cola Company, conhecida no Brasil como a Solar Coca-Cola. Quer exemplo melhor que esse? A Coca-Cola, como você deve saber, começou com o refrigerante de cola, sua bebida principal e foco total da empresa. Mas, de uns anos para cá, observou uma forte tendência do mercado a preocupar-se mais com a saúde e consumir cada vez menos refrigerante. E o que fazer frente a artigos científicos que dizem que o principal produto da marca causa problemas de saúde ou a médicos e nutricionistas que contraindicam diariamente em seus consultórios o consumo desse produto? Desistir? Não, se adaptar e seguir em frente.

Foi assim que a empresa começou a incorporar novas bebidas ao seu mix de produtos, que vão desde outros refrigerantes, além da clássica Coca-Cola, até sucos, chás, energéticos, cervejas, águas, hidrotônicos, isotônicos, bebidas vegetais e até mesmo bebidas lácteas. Isso que eu chamo de incorporar a necessidade do cliente, seja ela qual for!

Muita gente me pergunta como vai saber que deve mudar o rumo da situação. A resposta, na verdade, é muito simples: esteja atento ao seu consumidor. Não sou eu quem deve dizer quando você precisa mudar; nem eu, nem você, nem seus sócios ou colaboradores. Quem vai alertar sobre essa necessidade é, invariavelmente, seu cliente, seu público. Esteja sempre atento ao que seu consumidor diz!

Quando crio um negócio e coloco no mercado o produto que criei, algo que quero e gosto de fazer, algo que quero vender, estou colocando a minha vontade contra a do mercado. Mas o mercado talvez não absorva a minha ideia. Ele já tem vontades e necessidades próprias.

Às vezes, a vontade de inovar até já existe em você. Mas você fica querendo reinventar a roda e não cuida da base, do que já está lá dentro da empresa rodando, do cliente que já conhece sua empresa e está ao seu lado.

VAI ENCARAR?

E aí, por que você, empresário, continua sustentando uma situação na sua empresa que não funciona? Por que ainda não demitiu aquele funcionário que lhe veio à mente enquanto lia os parágrafos anteriores? Ou por que ainda não questionou aquele sócio que insiste em modelos antiquados e não permite o crescimento da empresa?

Por que você continua a fazer a venda só do seu jeito e a contratar funcionários sem critérios mais assertivos? Por que continua repetindo modelos se mês a mês reclama dos resultados?

Para continuar nessa jornada empresarial e ter bons resultados, é preciso que você seja corajoso, rebelde, não aceite as regras que não funcionam e que não são boas para os clientes, pare de investir em modelos que não se sustentam e desista de sócios ou colaboradores que são mais atraso que avanço para sua empresa. O que você sempre faz só vai trazer os resultados que você sempre teve. Para ter novos resultados, é preciso romper com a mesmice e mudar.

Quem vai alertar sobre essa necessidade é, invariavelmente, seu cliente, seu público. Esteja sempre atento ao que seu consumidor diz!

O primeiro passo é decidir. Você tem a coragem e rebeldia para isso? A mudança que deseja começa em você.

Nesta obra, vou passar pelos dez passos da minha metodologia que guiarão sua empresa para onde você sempre imaginou levá-la. E eu garanto que é possível chegar lá! Entenda este livro como a voz de um melhor amigo, alguém a quem você deve consultar para tomar decisões.

A partir deste ponto, tenha sempre em mãos uma caneta, um bloco de anotações, o compromisso, a rebeldia e a coragem para fazer o que for preciso para sua empresa crescer. Você não está sozinho, tem o meu apoio nessa jornada.

Se você vai encarar o desafio, mãos à obra!

LEMBRE-SE: VOCÊ É O PROBLEMA

A essa altura, você já percebeu que acredito que a mudança da empresa deve acontecer sempre de dentro para fora; e que o dono, o fundador, o cara que se senta na cadeira mais alta, é geralmente aquele que mais precisa mudar.

Quero que leve à sério o que vou dizer e que saiba que digo isso porque sou uma pessoa que deseja muito seu crescimento e bons resultados. A verdade é que você, empresário, é o maior responsável pelos problemas da sua empresa – e isso é ótimo.

Certa vez, num treinamento, disse essa mesma frase e, antes que pudesse me explicar, um empresário se levantou e disse: "Eu sou o culpado e isso é bom? Está ficando maluco, Marcos?". Não consegui evitar rir um pouco. Então, expliquei a ele minha motivação: "É bom sim, porque se você é o culpado, é também a solução. E o simples fato de estar aqui hoje, se profissionalizando e buscando resolver seus problemas, comprova que você deseja mudança. Algo arde aí dentro e você ainda não tinha feito nada... talvez por falta de coragem ou até mesmo de orientação. Mas agora está aqui e vamos resolver isso!".

ASSUMA A RESPONSABILIDADE

Às vezes, podemos considerar assumir a culpa ou a responsabilidade de alguma coisa como algo negativo. É claro que, se uma coisa deu errado, não quero que saibam que fui eu quem causou o erro. Ou, no caso dos negócios, se eu largo o meu emprego de carteira assinada para começar a empreender, monto uma empresa e em alguns anos ela começa a desandar, vai ser difícil admitir que a minha ideia deu errado ou que a minha gestão não foi capaz de sustentar o negócio.

É ruim mesmo. Nós, seres humanos, gostamos de validação, recompensa, queremos os louros da glória, queremos comemorar, ser vitoriosos... Embora errar seja uma das características mais humanas possível, e ninguém no mundo possa dizer que vive uma vida livre de erros, não é comum as pessoas gostarem e admitirem suas falhas abertamente.

Talvez fosse muito mais cômodo dizer que a empresa não deu certo porque o Presidente da República criou dificuldades, por causa da crise econômica, da pandemia de covid-19 ou porque os seus funcionários não fizeram o suficiente. Mas eu pergunto: como nesse mesmo período, no mandato do mesmo Presidente, durante a mesma crise, na mesma pandemia, houve empresas que cresceram absurdamente, enquanto outras milhares fecharam as portas?

"Ah, Marcos, mas depende do segmento!", já ouvi dizerem, tentando justificar. Ok, então! Vamos igualar o jogo e trazer exemplos do mesmo segmento: restaurantes.

Fazendo uma pesquisa rápida, achei no site da Abrasel/CE – Associação Brasileira de Bares e Restaurantes do estado do Ceará – um dado que me chocou. Desde o início da pandemia até março de 2021, mais de 8 mil bares e restaurante fecharam no estado.[11] Enquanto isso, a Rede Coco Bambu, que fundou a primeira loja em Fortaleza, em 1990, expandiu e abriu lojas em outros locais do país. E então?! Mesmo cenário e mesmo segmento, uns fechando e outro expandindo.

Vou dar mais um exemplo: lojas de varejo. O Magazine Luiza, ou Magalu, como hoje é mais conhecido, era uma loja de varejo que soube aproveitar as oportunidades do mercado e transformou-se em uma das maiores plataformas de compra digital – durante a pandemia, voou como um foguete, rápido e de modo exponencial. Já outras lojas de varejo, que eram gigantes e dominavam boa parcela do mercado, foram à lona e praticamente desapareceram – hoje são quase fantasmas. Percebe o que quero dizer quando falo que o jogo é muito mais interno do que externo?

QUEM ESCOLHEU?

Pensando em tudo o que foi dito, responda com sinceridade:

1 › *Quem escolheu sua empresa?*

2 › *Quem escolheu seu público-alvo?*

3 › *Quem escolheu seu ponto de venda?*

4 › *Quem escolheu sua equipe?*

5 › *Quem desenvolveu a sua marca?*

---

11 QUINTELA, S. Mais de 8 mil restaurantes e bares no Ceará fecharam as portas desde o início da pandemia. **Diário do Nordeste**, 21 jan. 2021. Disponível em: https://diariodonordeste. verdesmares.com.br/negocios/mais-de-8-mil-restaurantes-e-bares-no-ceara-fecharam-as-portas-desde-o-inicio-da-pandemia-1.3035902. Acesso em: set. 2021.

Olhe para as respostas e veja se, dentre elas, encontra-se o Presidente da República, a covid-19, a crise econômica ou algum dos seus funcionários. Não, né? Todas essas escolhas foram feitas por você – ou por você e seus sócios.

Porém, se você escolheu tudo isso, por que agora quer culpar outros pelo resultado? Aprendi há muito tempo que a vida é feita de escolhas, e temos sempre que arcar com as consequências que surgem delas, sejam quais forem.

Você escolheu, meu amigo! Agora, cabe aceitar as consequências e arcar com a colheita dos frutos que escolheu plantar. Aliás, até mesmo sobre manter-se ou não nesse mercado em que hoje você atua também é uma escolha.

Um *case* que acho muito interessante é o da Havaianas, marca brasileira de chinelos. No início, a Havaianas era voltada para a população de baixa renda, mas escolheu mudar o foco, fez todo um reposicionamento de marca no mercado e hoje é conhecida no mundo todo – inclusive, recentemente virou febre na Europa, onde um par chegou a custar cerca de 500 reais em Londres.[12]

Outro bom exemplo é a Amazon, empresa multinacional com sede nos EUA, que começou vendendo livros, mas decidiu expandir os negócios, tornou-se um dos maiores portais de e-commerce do mundo, expandiu sua atuação para a computação em nuvem, *streamings* e até mesmo Inteligência Artificial. Hoje ela está no ranking das cinco maiores empresas da atualidade.

Quando assumir a responsabilidade pela empresa e decidir fazer as mudanças necessárias para alcançar os seus objetivos, você precisará tomar muitas decisões, e nem todas serão fáceis. Mas as chances de você ver a empresa dos seus sonhos tomar forma diante dos seus olhos é enorme.

---

[12] HAVAIANAS viram moda na Europa e chegam a custar R$ 500 em Londres. **Folha de S.Paulo**, 14 jun. 2003. Disponível em: https://www1.folha.uol.com.br/fsp/dinheiro/fi1406200338.htm. Acesso em: out. 2021.

Muita gente me pergunta como vai saber que deve mudar o rumo da situação. A resposta, na verdade, é muito simples: esteja atento ao seu consumidor.

CAPÍTULO 5:
Passo 1 – Mudança que vem de dentro

econhecendo que a mudança deve começar de dentro, vamos nos concentrar em trabalhar com o que você já tem. Neste momento, vamos aplicar o primeiro passo do método, que é exatamente COMECE POR VOCÊ.

Procure o que é possível fazer para melhorar a empresa com tudo o que já existe dentro dela, isso inclui recursos, produtos e também pessoas. A sua empresa, com a estrutura que possui hoje, pode render muito mais.

Um detalhe muito importante: só traga para o jogo quem realmente quer jogar – estou falando dos colaboradores. O colaborador que não quer estar no jogo, não veste a camisa da empresa, não tem interesse no crescimento dela, só está ali fazendo corpo mole e atrapalhando o jogo, eu não o quero no meu time – nem você devia o manter no seu. Pare de ser refém do seu time. Trate adultos como adultos. Chame esse funcionário e converse com ele. Seja honesto e proponha conversas francas: "Meu amigo, vem cá. A partir de segunda-feira a empresa vai passar por mudanças e vai começar a funcionar dessa forma aqui. E só fica aqui quem se engajar nesse novo modelo. Quer ficar ou não?".

Saiba que, talvez, você possa escutar alguns "não quero", e tudo bem. Quem não quer, deve sair mesmo. Ninguém deve ser obrigado a ficar. Mas se está no time, precisa jogar no máximo da capacidade, com vontade total de ganhar.

Se o colaborador disser que quer, mas que tem alguma necessidade, escute esse pedido. Diga o que quer do trabalho dele e negocie, dentro das suas possibilidades. Faça-o trabalhar e recompense-o pelo trabalho bem feito ou pelos resultados obtidos.

ERRE MUITO, CORRIJA RÁPIDO

Tem uma frase que eu digo tanto dentro da minha empresa que meus colaboradores estão cansados de ouvir: "Erre muito, mas corrija rápido". É fato que o ser humano erra. Isso é inevitável! Até robôs ainda são passíveis de erros, imagine então humanos, que têm necessidades, passam por dificuldades, têm vidas pessoais etc. O erro é algo normal – e acho que você deve normalizá-lo dentro da sua empresa.

O que não pode acontecer é acomodar-se frente ao erro. Se errou, corrija e aprenda com o deslize, para não o repetir. Uma das melhores formas de aprender é tentando e errando. O que não se pode aceitar é inércia, paralisação, acomodação dentro da sua empresa.

Errar é normal, mas persistir no erro, não. Não é o fim do mundo se você ou um colaborador falhar. Pelo contrário, é uma oportunidade de crescimento. Mas insista na correção rápida e fique atento para que esse mesmo erro não aconteça novamente.

FOCO NO PROBLEMA

Se até aqui na leitura você pensou bastante na sua empresa, olhou para dentro e buscou identificar quais problemas existem hoje no seu negócio, agora é hora de fazer alguma coisa com essas descobertas. Muitos problemas, certamente, você até já conhecia. E o que vinha fazendo para resolvê-los, além de reclamar?

O maior problema é a equipe? Por quê? Será que você não precisa ser mais firme com o time? Ou será que não consegue incentivar e engajar seus colaboradores no trabalho? Ou talvez o problema seja a gestão do negócio? Não consegue se posicionar no mercado, profissionalizar a gestão, está acomodado, tem problemas com o sócio?

Pense no que é mais importante e no que precisa com mais urgência de uma solução, aquilo que causa mais dor na empresa, que prejudica diretamente os negócios. Agora, foque em resolver esse problema que você acabou de identificar.

SUA EMPRESA É UMA LOCOMOTIVA

Sou uma pessoa que gosta muito de analogias, acredito que elas ajudam a entender melhor as coisas. Por isso, aqui vai mais uma.

Imagine que a sua empresa é uma locomotiva e que você é o condutor. Você está no controle de tudo. A locomotiva dita o ritmo, a velocidade e a direção da viagem. Porém, ela também é responsável por carregar vários vagões, estejam eles vazios ou lotados. Já pensou que você, condutor da sua empresa, pode estar carregando vagões lotados de sócios, colaboradores, custos e crenças que estão há anos sem função, apenas adicionando peso às engrenagens e deixando a viagem mais difícil de ser conduzida? Talvez você, como condutor, precise desacoplar alguns desses vagões para ficar mais leve e conseguir viajar mais rápido.

Tenho um cliente que trabalha na área de saneamento e que tinha cerca de duzentos colaboradores na sua empresa na época em que começou a aplicar a metodologia Seja Alta Performance. Depois de entender que estava com um quadro de funcionários muito grande, fez uma análise e percebeu que alguns não estavam com bom desempenho. Então reduziu o quadro para 180 funcionários. O resultado? Mesmo com uma equipe menor, ele conseguiu ser mais eficiente e aumentar o lucro da empresa. O cara diminuiu consideravelmente as despesas, enxugou a operação e aumentou o lucro com o cliente final. Percebe a diferença?

Tenho vários outros *cases* de sociedades que foram desfeitas, mudanças radicais de produtos ou até mesmo de segmentos de atuação. Às vezes, essas transformações são imprescindíveis, e é aí que entra a coragem de que falamos anteriormente.

A analogia da locomotiva fala sobre os excessos. Nesse caso, quanto mais pesada ela estiver, pior. Então pense: quais excessos estão prejudicando sua empresa e impedindo sua locomotiva de acelerar?

1 › **Excesso de trabalho (você faz tudo sozinho);**

2 › **Carregar o sócio nas costas;**

3 › **Querer atender a todo mundo;**

4 › **Ainda tem pessoas improdutivas na equipe.**

Se você identificou algum desses excessos, vai precisar tomar uma decisão direcionada para solucionar o problema de maneira real e prática. A seguir, vou mostrar algumas sugestões de como você pode agir em algumas situações:

Alta carga de trabalho

Sou empresário e sei que, na hora do aperto, você acaba querendo dar conta de tudo, cumprir todas as tarefas, atender todos os clientes. E talvez você realmente seja o cara que mais sabe da operação, mais entende do produto.

Mas perceba que ninguém, nenhum empresário ou gestor no mundo, conseguiu ganhar muito dinheiro, ter sucesso, saúde e qualidade de vida fazendo tudo sozinho. Mesmo que tente fazer tudo, alguma dessas coisas vai invariavelmente ficar de fora. Se hoje você percebe que tem excesso de trabalho em suas mãos, sugiro que, primeiro, pare, respire fundo e reflita. Algumas perguntas que podem ajudar a avaliar a questão são:

1 › **Terei paz se fizer tudo? Como?**

2 › **O que somente eu posso e sei fazer dentro da empresa?**

3 › *O que faço hoje que pode ser delegado para outra pessoa?*

4 › *O que ganho se delegar para outra pessoa essa tarefa?*

5 › *O que perco se decidir delegar?*

6 › *Como posso delegar tarefas para outras pessoas?*

Dicas que dou para quem percebe que está com muita carga de trabalho:

- *Contrate um funcionário ou estagiário que possa tomar conta das tarefas mais simples e operacionais do dia a dia, que geralmente são as que mais consomem tempo;*

- *Convide para sua empresa um sócio operador, alguém que vá colocar a mão na massa com você e com quem seja possível dividir a carga de trabalho;*

- *Contrate um novo gestor para liderar o time de uma área da empresa com a qual você não lide tão bem ou não goste tanto quanto as outras.*

Mas tome cuidado! Embora o objetivo aqui seja diminuir o excesso de trabalho que está em suas mãos e deixar a operação mais leve, num primeiro momento evite delegar tarefas essenciais do negócio, aquelas em que você é o melhor e que ninguém consegue fazer igual.

Pense que sua empresa ser conhecida por ser muito boa, provavelmente deve-se a você, sua expertise e sua força. Inicialmente, procure delegar tarefas em que você não seja tão bom, que não sejam seu ponto forte ou coisas rotinei-ras, que tomem muito tempo e possam ser executadas por qualquer um.

Carregar o sócio nas costas

Uma situação muito comum que encontro em empresas e que sempre aparece nas turmas de mentoria ou treinamento é a frustração de sócios que se sentem injustiçados. Às vezes, é apenas um dos lados; outras, isso acontece com mais de um e até com todos.

É sempre bom lembrar de algo que muita gente costuma esquecer ao montar uma sociedade: quem tem sócio, tem chefe. Então, antes de tudo, se você decidiu abrir sua empresa em sociedade ou entrou em uma, exerça seu direito de cobrar, mas também aceite ser cobrado.

O que eu sempre digo quando encontro sócios já quase em pé de guerra é: você não é obrigado a viver com seu sócio para sempre. Não é uma prisão ou algo do tipo. É uma sociedade. Sociedades são relações empresariais que podem ser negociadas.

Minha sugestão, de toda forma, é abrir espaço para honestidade. Marquem uma reunião franca, na qual ambos possam expor seus pontos de vista sem pré-julgamentos. Fale tudo o que pensa, mas também permita que o outro fale e ofereça sua escuta. Depois, alinhem juntos as suas expectativas e decidam o que fazer a partir daí. Combinem os pontos que geram mais discussão. No fim das contas, decidam se vale a pena seguir com a sociedade ou não – e aceite caso a decisão for não. Nem tudo na vida precisa "dar certo" ou ser "para sempre".

Já vi casos de sócios completamente desalinhados em relação ao futuro da empresa. É como se um deles acelerasse a locomotiva para a esquerda, enquanto o outro tentasse a todo custo acelerar para a direita. O que acontecia é que a empresa não ia para canto algum, e ainda vivia uma luta interna constante!

É bastante comum querer buscar um sócio que seja profissionalmente muito parecido com você, mas cuidado com isso. A empresa já tem você. Se estiver procurando alguém para uma sociedade, busque uma pessoa com perfil diferente, complementar, que seja bom em algo novo, algo que você não domina, e que pode ser um acréscimo valioso para a empresa. Mais do mesmo pode não dar em nada diferente.

SUA EMPRESA, SUA CARA

Assumir as rédeas e responsabilidades por tudo o que acontece dentro da sua empresa é entender que ela será sempre o seu reflexo como empresário.

Estava mentorando um empresário do Centro-Oeste do país recentemente quando ele me relatou, numa reunião, que sentia que sua equipe estava triste e abatida. Enquanto ele relatava os problemas do time, o que eu via refletido em seu rosto era exatamente a mesma tristeza e cansaço.

Empresários que se queixam de que fazem tudo são, geralmente, centralizadores, e passam por isso porque não permitem que os outros façam tarefas mais simples, o que gera um acúmulo desnecessário de afazeres. Também já presenciei relatos e queixas de que a equipe ou a empresa é desorganizada, mas, quando observei a vida pessoal do empresário, a bagunça era tão grande quanto – ou até maior.

Steve Jobs, por exemplo, fundador da Apple, era perfeccionista, tinha apreço pelos detalhes, prezava por um bom design, era inovador e vanguardista. E até hoje, mesmo depois de sua morte, a empresa mantém sua cara e seus conceitos fundamentais.

A Tesla, outro *case* já citado, é uma empresa tão a cara do dono e fundador, Elon Musk, que uma das principais estratégias de marketing adotada é exatamente não ter marketing. A Tesla nunca gastou um centavo com publicidade, não faz anúncios pagos de seus veículos e muito menos possui dentro da empresa um setor de marketing.

> *Imagine que a sua empresa é uma locomotiva e que você é o condutor. Você está no controle de tudo. A locomotiva dita o ritmo, a velocidade e a direção da viagem.*

81

Boa parte da estratégia de divulgação é baseada no seu dono "superestrela", que faz aparições constantes na mídia com suas postagens, depoimentos polêmicos e ideias mirabolantes (como levar um Tesla para o espaço), além de investir pesado na experiência e no relacionamento com os clientes, gerando sentimento de escassez e super exclusividade na venda. É praticamente impossível pensar em Tesla sem ligar o nome à figura do *popstar* Elon Musk!

O ímpeto, a ambição e a criatividade desses dois gênios, Steve Jobs e Elon Musk, refletiram diretamente em seus negócios – e você deve refletir a sua personalidade no seu!

FOQUE NAS VIRTUDES

Em uma das minhas viagens à São Paulo para uma reunião de negócios, atendi dois empresários de ramos distintos que, mesmo sem se conhecerem, possuíam problemas parecidos em seus negócios. Os dois queixavam-se, basicamente, de muita desorganização, falta de tempo e excesso de carga de trabalho. Não aguentavam mais a empresa. Por outro lado, ambos tinham também uma sede absurda de crescer – de qualquer jeito que fosse.

Cada empresa tinha cerca de cem funcionários, mas que pareciam barcos à deriva, sem saber bem para onde ir. Durante a reunião, um deles me perguntou por que era tão difícil fechar uma empresa que não funcionava, só dava prejuízo. Respondi de imediato: "Temos dificuldade de assumir que não deu certo e largar, fechar a empresa, porque ela é como um 'filho' que se parece muito conosco".

Mas, ao mesmo tempo, ter essa consciência pode trazer a clareza e o entendimento de que, assim como seus defeitos são potencializados quando refletidos na empresa, também serão as suas virtudes. E é nisso que deve estar o seu foco: nas virtudes!

INVISTA NA CULTURA

Agora pense comigo: se a empresa é a sua cara, muito provavelmente você deu a ela valores que se relacionam com a sua personalidade. A cultura de uma empresa está diretamente ligada à cultura que você assume para sua vida e é exatamente o que será refletido nos funcionários do seu negócio. Está tudo conectado.

Se você é uma pessoa ágil e tem uma cultura de velocidade, provavelmente seu time vai refletir esse comportamento nas próprias ações, até como forma de se aproximar ideologicamente de você e da empresa – o que é algo muito bom. Já se a sua cultura é de permissividade, possivelmente você será um gestor permissivo, que aceita erros recorrentes e até mesmo pessoas improdutivas ou incompetentes.

Por isso bato muito nessa tecla: é de suma importância que a cultura implantada na empresa seja a sua essência como pessoa e como gestor, adicionada a doses "cavalares" de produtividade. Afinal, é essa cultura forte que vai ditar o ritmo e o comportamento dos seus colaboradores, e, consequentemente, influenciar nos resultados do seu negócio.

Empresários como Silvio Santos, Luiza Helena Trajano e Luciano Hang, por exemplo, têm em comum a cultura muito voltada para o grande público – e não é por menos que seus negócios são claramente voltados para a massa. Já outros empresários, como Steve Jobs, Elon Musk e Jeff Bezos, tiveram e têm em suas culturas uma orientação direta para a grandeza – com foco em gerar, para cada cliente em particular, a melhor experiência de sua vida a cada compra e cada vez que forem utilizar os produtos ou serviços –, o que os tornou grandes líderes em seus mercados.

QUEM TUDO QUER, NADA TEM

É importante entender que sua cultura reflete no seu negócio porque esse pode ser um aspecto vital para identificar e traçar os caminhos que você deseja alcançar no futuro.

Existem empresários que possuem a cultura de ganhar tudo sozinhos. Esse é o exemplo, no meu ponto de vista, dos shopping centers. Perceba que os aluguéis e condomínios cobrados aos lojistas são altíssimos. Eu mesmo, quando trabalhava como lojista, já ouvi um superintendente de um shopping falar que seu negócio se baseava tão somente em cobrar aluguel – quando eu, na minha inocência, pensava que era ajudar os lojistas. Perceba que, a cada ano, a vacância em shoppings cresce bastante. Antigamente, era raro encontrar um shopping com muitos espaços vazios ou com tatames. O cenário hoje é bem diferente.

Esse é o tipo de negócio que olha apenas para os seus interesses, não observa as mudanças de comportamento, não faz nada para acompanhar as transformações digitais e atender melhor seus lojistas. O resultado? Estão caminhando para a obsolescência. Talvez não amanhã ou no próximo ano, mas, a meu ver, em breve.

Tenho hoje inúmeros clientes que fecharam lojas em shoppings para investir em ferramentas modernas, como no Mercado Livre ou no Instagram, que nada mais são do que os "shoppings do futuro", visitados pelo celular na palma da mão ou pela tela do computador. Muitos desses clientes, aliás, começam sem nem cogitar abrir uma loja num shopping como parte da estratégia. Mesmo sem estrutura física, novos empreendedores conseguem abrir negócios e vender altas quantias para grandes públicos apenas através da internet, de sites de e-commerce e das redes sociais.

Você percebe como um empresário desse tipo, que tudo quer, pode acabar ficando sem nada?

Assumir as rédeas e responsabilidades por tudo o que acontece dentro da sua empresa é entender que ela será sempre o seu reflexo como empresário.

CAPÍTULO 6:
Passo 2 – Defina o chefe

mbora você tenha idealizado seu negócio, aberto o CNPJ, feito seleção, contratado pessoas, elaborado o produto, criado estratégias e construído a estrutura da empresa, o verdadeiro "dono" do seu negócio não é você, é seu cliente. É ele quem "manda", quem dita para onde vai a empresa, quem decide se compra ou não, se compra mais no ponto de venda ou nos canais on-line, se gosta de comprar mais produto X ou Y. No fim das contas, é ele quem "decide" se você é ou não um sucesso, se seu negócio é ou não bom, se você vai crescer e prosperar ou se vai precisar fechar as portas. Pode até parecer que não, mas é ele quem dita em que direção o seu barco deve seguir, você só precisa estar atento o suficiente para acompanhar a correnteza e não ir contra o seu cliente.

E como saber o que o seu público deseja? Essa pergunta também tem uma resposta mais simples do que você imagina: pergunte. Faça pesquisas, converse, crie um setor de atendimento, vá para a rua, crie formulários. Escute o que diz o seu cliente, o que ele achou ao consumir seu produto ou utilizar seu serviço, o que ele sentiu da experiência, do que ele não gostou.

Faça uma pesquisa focal. Pegue um grupo de cem clientes e pergunte a eles: "Do que você mais gosta na nossa empresa?", "Do que você não gosta?". Pegue a lista de clientes que pararam de consumir com você, faça uma ligação ou mande uma mensagem e pergunte "por que você parou de comprar comigo?" ou "O que nossa empresa deveria ter feito para que você continuasse conosco?". Vá atrás das respostas na melhor fonte: o seu consumidor.

DEFINA O CHEFE

Lembre-se de que o chefe é aquele que paga as contas. E quem realmente coloca dinheiro dentro de uma empresa é sempre o cliente. Por isso, é muito importante entender quem é o seu cliente para conseguir agradá-lo da melhor forma.

Mas isso tudo só vai funcionar se, antes de mais nada, você já souber quem é esse público. Do contrário, como vai perguntar às pessoas o que elas acham, se nem sabe onde encontrá-las?

Lembra-se do ditado de quem tudo quer, nada tem? Funciona da mesma forma com o público-alvo do seu negócio. Às vezes, não definir o público, o nicho de mercado, querendo "alcançar todo mundo", acaba tornando seu negócio tão vago e sem definição que ninguém realmente se sente atraído ou conectado com ele.

A questão é que "todo mundo" é muita gente. Em vez de ter um público mais amplo, você acaba sem conseguir vender para ninguém! Por isso, é muito importante que, antes mesmo de começar o negócio, você defina para quem ele se dirige. Quem você quer atingir? Quais necessidades específicas dessas pessoas você pretende atender? Como quer ajudar seu público e como seu público gostaria que você fizesse isso? Com quem você vai se comunicar, qual é a idade e o gênero dessas pessoas? Onde moram, o que fazem da vida, como se posicionam no mundo?

No meu caso, por exemplo, qualquer pessoa pode se inscrever nos meus cursos, não há nenhuma restrição. Na teoria, o curso é para "todo mundo", certo? Errado. Embora seja verdade que todos podem fazer meu curso ou usar o produto que você vende, eu não quero todo mundo na sala comigo, nem você deveria querer que todos usassem o seu produto ou serviço.

Meu curso é voltado para pequenas e médias empresas, ponto. Defini o público. Depois, saí da minha cadeira de dono para me sentar na cadeira do meu cliente e refletir. Onde meu cliente está hoje? Ele está dentro da sua empresa?

Está em casa? Ou está no celular? Será que está em algum momento de lazer ou passando tempo com a família? Como vou conseguir chegar até ele?

E como saber o que o seu público deseja? Essa pergunta também tem uma resposta mais simples do que você imagina: pergunte.

Afinal de contas, se o seu cliente é o dono do seu negócio, ele é também seu chefe. E você precisa conhecer o chefe para saber como agradá-lo, concorda? Vá na onda dele, siga as regras que ele dita. Se o cliente disser que o seu produto é ruim, mude até que fique do gosto dele. Se ele diz que o seu produto é bom, continue entregando dessa forma ou o surpreenda com algo a mais, e assim por diante.

Antes da pandemia, a maioria dos cursos do Seja Alta Performance eram presenciais. Fazíamos eventos gigantescos e vinha gente de todo o Brasil, embora a grande maioria fosse de Fortaleza. Quando a pandemia de covid-19 se instalou, em 2020, e foram tomadas medidas de lockdown nas cidades, precisei usar exatamente a mesma técnica do caso anterior para, mais uma vez, identificar onde estava meu público e ir até ele. Naquele momento, fiz o que me foi possível. Cheguei ao meu público pelas redes sociais, que é de onde a maioria me conhece atualmente. Eu busquei meu público até encontrá-lo novamente.

Certa vez, recebi a seguinte pergunta: "E se eu tiver muitos produtos? Como definir o público?". A resposta não é complicada. O McDonald's também tem muitos produtos e todo mundo pode comer nas suas lojas. Mas a marca conversa com o jovem, pois direciona toda a comunicação para esse segmento.

Defina seu público, visualize-o e crie canais apropriados para chegar até ele. Um dos canais da minha empresa hoje é o Instagram. Outros são a visita dos executivos ou os eventos. Existe também a prospecção ativa, por telefone, pelo LinkedIn e por aí vai... a lista é longa.

SIGA SEU CLIENTE

Entenda de uma vez por todas que é o cliente quem decide onde e como quer comprar – além de, claro, o que deseja comprar. Ainda hoje existem empresários que montam negócios inteiros pensando em si mesmos, no produto que gostariam de desenvolver e vender, em resumo: no que eles pensam que o cliente deve comprar porque acreditam que seja o melhor. A questão é que não cabe ao empresário decidir nada disso.

Quando conseguir definir seu cliente, faça pesquisas, observe, pergunte-se "onde meu cliente está hoje?". Porque é lá que você deve estar também.

Se seu negócio for uma indústria, que tem um local físico para produzir, você precisa ter representantes por todo o Brasil, buscando e visitando os clientes. Se você é uma empresa de varejo, precisa estar nos locais mais quentes do momento – que atualmente são Mercado Livre, OLX, Instagram, mercados on-line – porque é onde está o seu consumidor. Se você atende oficinas mecânicas, não pode estar na sua loja, esperando uma ligação, precisa ir até as oficinas!

Não importa qual é o seu nicho ou segmento. Se você for um posto de combustível, um dos negócios mais fixos possíveis, pode procurar fazer contratos de parceria para abastecer toda a frota de empresas, por exemplo. Pode ir atrás de condomínios da região e fechar parcerias, criar convênios ou propor fidelização. A lógica maior aqui é ir até onde está o consumidor. Não necessariamente levando o produto até ele, mas levando pelo menos a oferta, fazendo seu negócio alcançá-lo de qualquer forma. Esses são alguns exemplos, mas existem vários, porque todo negócio pode ter esse alcance.

Você talvez pense que no seu negócio ou no seu segmento isso é impossível. Então, lembre-se de que, antigamente, se quiséssemos ouvir uma música, precisávamos ir até uma loja, comprar um disco, colocar na vitrola e encaixar a agulha. Hoje, basta clicar em um aplicativo no seu celular e escolher o que escutar. Assim como, se eu quisesse resolver uma questão financeira, era preciso pedir dispensa do trabalho, ir até uma agência bancária, e passar o dia inteiro numa fila com uma pilha de papéis em mãos. Hoje, novamente, posso apenas abrir um aplicativo no celular, na palma da mão, de onde eu estiver, a qualquer hora do dia ou da noite.

A música e o banco vieram até mim. Ninguém imaginava isso acontecendo há alguns anos.

Frequentemente, identifico empresários apegados à sua loja ou ao seu produto. Proponho, então, um exercício de desapego. Esqueça-se do produto ou do serviço que você vende, experimente se descolar completamente do seu negócio.

Volte o olhar para seu cliente. Quem é esse fulano? Como ele come? Como ele se comporta? Quais lugares ele frequenta? Como ele se veste? O que gosta de fazer nas horas vagas? Por qual tipo de entretenimento ele se interessa? Ele tem filhos? Trabalha em quê? Como é a família dele?

Aquele formato de loja passiva, que abre e fica lá, esperando alguém passar pela porta ou o telefone tocar... bem, no último ano nada disso foi possível, não é mesmo? Por conta da pandemia da covid-19, as portas estavam todas fechadas. O cliente não podia mais ir até a loja, mesmo se quisesse. E aí, como fazer?

Já vinha acontecendo uma mudança no comportamento dos clientes e no jogo dos negócios – e a pandemia acelerou essa transformação radicalmente.

Hoje em dia, ter uma empresa não significa apenas ser especialista no produto ou serviço que você oferece, mas também no seu consumidor e nas formas de chegar até ele. Isso não elimina necessariamente a existência da loja física. Mas, mesmo que eu tenha uma operação física, uma loja, por que ficar parado, esperando alguém aparecer e perdendo dinheiro no processo, se o mundo todo segue novos conceitos para criar maneiras de alcançar o consumidor?

Ainda assim, existe quem pense que vai continuar do jeito que sempre foi e nada vai mudar. Esses costumam dizer: "Mas, Marcos, eu ainda vendo muito bem só com o cliente que entra na minha loja!". E eu retruco: "Imagine, então, se você fosse atrás do seu consumidor?!". Se hoje a operação desses empresários vai bem nesse modelo, significa que, quanto antes eles seguirem a tendência de ir até o cliente, mais rápido conseguirão melhores resultados e oportunidades para expandir seus negócios. Além disso, mais cedo vão estabelecer um novo relacionamento com a clientela, que vai se habituar a essa nova abordagem mais rapidamente. Quando o modelo antigo finalmente cair em desuso, esses empresários não vão ficar para trás.

ENCANTE COM A EXPERIÊNCIA

Um dos objetivos do Magazine Luiza, por exemplo, é integrar os canais para proporcionar a melhor experiência em qualquer um deles, como se todos fossem um só. Com o foco total na modernização e na expansão tecnológica, as lojas varejistas criaram um espaço para testar os produtos eletrônicos.

Essa é uma ótima dica: crie uma estratégia para que novos consumidores, aqueles que ainda não conhecem tão bem seu negócio, possam degustar seu produto sem custo. Torne seu produto tão atrativo e a experiência tão incrível para o cliente não ter dúvidas em fechar a compra. Crie no seu cliente o desejo pelo produto, a ideia de que ele precisa consumir isso.

Não estou dizendo que essa ação seja simples ou fácil de executar. Não é mesmo. Envolve previsão de custo dos produtos, planejamento estratégico e logístico e, às vezes, até o deslocamento de uma pessoa da equipe especializada apenas para isso. Mas tenha em mente que permitir que seu cliente experimente um produto que ele ainda não conhece é a melhor forma de sanar as dúvidas, eliminar receios e fazê-lo mudar de ideia a respeito da compra. É preciso deixar o cliente tocar, provar e testar o produto que você quer que ele compre.

Sobre esse ponto, há sempre alguém que vai dizer: "não, mas no MEU caso isso não é possível! No meu negócio, no meu segmento, não dá para fazer, ninguém faz assim!". Empresários com esse perfil comumente estão nos meus cursos. É a pessoa que rebate qualquer coisa que eu proponho, começa a repetir que "não dá", que o "negócio dele", a "equipe dele", o "segmento dele" é isso ou aquilo. No fundo, esse empresário está só buscando desculpas para não dar certo; está resistindo e argumentando contra o próprio negócio.

Uma vez, numa imersão, um empresário disse que o negócio dele era de transporte de cargas e que não tinha como fazer essa degustação com o cliente porque não era possível mostrar como era feita a carga ou colocar os caminhões numa vitrine. Ok, isso não dá mesmo. Mas por que ele precisa fazer como todo mundo?

Eu sugeri a ele que fosse até um lojista que quisesse conquistar e oferecesse a primeira entrega de graça, qualquer que fosse a carga, dele ou de um cliente a ser escolhido, e para qualquer destino. Essa seria uma maneira de o lojista testar o serviço de transporte e se sentir confortável para fechar contrato, caso ficasse satisfeito. Pronto, resolvido!

A Netflix, por exemplo, se lançou de uma forma inesperada. Já existiam várias plataformas digitais de venda de dados como músicas ou filmes. Algumas TVs por assinatura já tinham disponível o serviço de aluguel de filmes. Então, a Netflix decidiu inovar e ousou: ofereceu um mês de graça para qualquer nova conta, valendo para todo mundo.

"Me conheça, me deguste e fique comigo." Essa é a ideia. Talvez não se aplique do mesmo jeito a todos os negócios, mas o mais importante aqui é entender o conceito. Quando você tem um *mindset* voltado para as soluções em vez de para os problemas, tudo fica mais claro e as possibilidades se multiplicam. Então, a dica de ouro é: deixe o cliente conhecer a experiência que você oferece.

Torne seu produto tão atrativo e a experiência tão incrível para o cliente não ter dúvidas em fechar a compra. Crie no seu cliente o desejo pelo produto, a ideia de que ele precisa consumir isso.

Se você tem uma loja de joias, contrate um fotógrafo, chame dez clientes que tenham muitos seguidores nas redes sociais (acima de 10 mil), dê uma peça para cada um e faça uma sessão de fotos para serem usadas em postagens. Serão cerca de 100 mil pessoas vendo seu produto e marca.

Se você é fabricante de uniformes, procure uma empresa grande, crie um uniforme incrível para um setor do negócio deles, agende uma visita e diga: "olha o que criei para vocês!". Talvez, no fim, o empresário não queira comprar com você – essa é sempre uma possibilidade –, mas você cumpriu o seu papel de buscar esse novo cliente. Talvez ele nem estivesse pensando em trocar os uniformes agora e resolva considerar a opção que você apresentou. Talvez esse empresário estivesse mesmo procurando um fornecedor e não conhecesse a sua loja, mas fecha a compra porque você foi até ele.

Consegue entender agora o que estou dizendo? Vá atrás dos seus clientes!

Uma casa de carnes, por exemplo, pode abrir a loja um dia para oferecer um churrasco. Para deixar o público ver, comer, experimentar, desejar aquelas carnes em casa, no churrasco deles! Tem uma operação em Fortaleza que é um grande sucesso e começou como uma casa de carnes comum. Então, passaram a oferecer um espetinho como degustação para os clientes experimentarem as carnes *premium* da loja. Hoje, o negócio deles é 50% de produtos a fazer, que são as peças de carne vendidas no peso, e 50% de produtos acabados, que são as carnes já cortadas e tratadas, prontas para assar o espetinho em casa.

Esses foram só alguns exemplos, mas se você conseguir abrir sua mente para o conceito de experiência do consumidor, poderá implementar essa ação em qualquer nicho ou segmento. Você precisa sair dos limites da sua empresa e entender como adequá-la para o mundo.

POSTURA ATIVA

Como comentei, tenho uma equipe de prospecção de novos clientes na minha empresa e a considero um ponto crucial.

Negócios, hoje, são feitos basicamente de vendas. Simplificando: um empreendimento existe para vender um produto; se não vender, deixa de ser uma empresa porque sua operação fica inviável. Então, você precisa ter sempre uma pessoa, ou uma equipe, na sua empresa dedicada exclusivamente a buscar novos clientes.

No Seja Alta Performance, tenho um trabalho contínuo e diário para prospecção e atração de novos clientes. Tenho sempre alguém 100% focado nisso. Se eu não vendo, não consigo lucrar. E de que adianta entregar o melhor evento ou curso do mundo, o melhor treinamento, o conteúdo mais incrível, se ninguém pagar para assistir ou consumir aquilo?

Mencionei que tenho vários canais de comunicação. Trabalhei com um cliente que fez toda a metodologia com o Seja Alta Performance e percebemos que o maior canal de prospecção dele poderia ser o LinkedIn. Então, fizemos um exercício. Ele trabalhava com manutenção predial para empresas e pedimos que listasse todos os diretores de manutenção predial de empresas que havia na rede social. Depois, pedimos que entrasse em contato com todos eles.

Ele me perguntou se eu achava que todo mundo responderia. Respondi que não, que se falasse com dez, talvez um respondesse; se falasse com cem, talvez dez respondessem; se falasse com mil, talvez cem respondessem. Você consegue entender meu raciocínio?

Para mim, isso tudo é sinal de uma postura ativa em relação ao seu negócio.

Veja bem, se você é alguém que acredita na sua empresa – e isso vem não apenas do negócio ou do produto em si, mas da missão e da visão que estabeleceu para ela –, deve assumir uma postura ativa. Tenha sempre alguém buscando clientes, seja na rua, on-line ou por telefone. Tenho essa personalidade que cava oportunidades, procura entender o que está acontecendo, sentir o mercado, conhecer os concorrentes, entender melhor os clientes. E eu sou uma pessoa de postura sempre ativa, alguém que busca, corre atrás, que age diretamente no seu mercado.

Se eu acredito tanto em mim, na minha empresa, na missão dela com os clientes e nos serviços e produtos que ofereço, por que ficar sentado dentro da empresa, trancado numa sala, esperando um cliente entrar como se eu tivesse vergonha do que faço?

Devo ter postura ativa, sempre.

Posso até estar de folga, de férias com a família ou jantando, nunca vou deixar de ser o dono e, por isso, nunca uma oportunidade vai passar despercebida por mim. Se eu for cortar o cabelo e perceber uma abertura ou oportunidade, vou falar do meu negócio. Se eu for comprar uma roupa e encontrar com um chefe na loja, vou falar do meu negócio. Vou sempre falar do meu negócio e aproveitar todas as oportunidades para isso.

ISSO É O BÁSICO!

Muitos me abordam depois de um treinamento ou evento dizendo: "Marcos, mas isso eu até já sabia!". E eu devolvo: "Sabia? Mas fazia? Era bem feito?".

É claro que, durante um treinamento, estou lá para abrir a cabeça das pessoas. Meu papel é falar de inovação, crescimento e expansão, é colocar fogo e vontade nesses empresários. Mas, às vezes, acontece de alguém ficar obcecado em inovar, querer ser o "diferentão", fazer tudo ao contrário, buscar o novo, ser disruptivo e quebrar o modelo, mas esquecer-se de fazer o básico bem feito, que é uma das coisas que mais gera resultado dentro das empresas.

Aqui na minha cidade, em Fortaleza, há alguns anos um empresário teve uma ideia brilhante: abrir um bar no qual a cerveja seria muito gelada. Lendo isso, você talvez tenha pensado "mas isso não é inovador nem disruptivo! Bar é bar, cerveja é para ser servida gelada, nada demais". Certo, você tem razão. Essa é uma ideia até meio óbvia, é claro que a cerveja do bar deve estar gelada. Acontece que existiam vários e vários outros bares e restaurantes na cidade que serviam cerveja sem estar muito gelada. Então, o que aconteceu? O bar explodiu em popularidade com o público apenas por fazer o básico bem feito. Sempre que alguém ia ao bar, confirmava que a cerveja estava realmente gelada, filmava e mandava para os amigos. Assim firmou-se a fama do estabelecimento.

Usei esse exemplo para mostrar que não se trata do que você quer para o seu negócio, mas sim do que o seu público quer. E nem sempre ele quer algo disruptivo ou muito diferente do básico. Às vezes, seu público só quer que o mínimo seja cumprido muito bem.

Há empresas que pensam "é melhor que o cliente venha até a loja para conhecer melhor meu produto". Acontece que o negócio não deve ser o melhor para você, mas para o cliente, então deixe que ele escolha a forma como quer ter contato com o seu produto.

E ainda há empresas que não inovam nem fazem o básico, que é atender a expectativa do seu consumidor. No caso do bar, a expectativa era ter sempre cerveja gelada, um bom atendimento e ser ouvido. Na maioria das vezes, basta ouvir o cliente para entender o que ele deseja, porque ele costuma falar. Ele quer, sobretudo, se sentir importante, e, na procura incessante por inovação, o básico pode se perder pelo caminho.

Antes de buscar revolucionar o seu mercado, certifique-se de que você está fazendo muito bem tudo o que já deveria fazer. A quantidade de empresas que volta o olhar para isso e simplesmente cresce é enorme. Há muito o que ser melhorado no que você já faz hoje, na sua operação atual, com a estrutura e equipe que já possui.

Que tal, antes de qualquer coisa, focar em fazer pelo menos o básico bem feito? Garanto que você notará diferença nos seus resultados.

Devo ter postura ativa, sempre. Posso até estar de folga, de férias com a família ou jantando, nunca vou deixar de ser o dono e, por isso, nunca uma oportunidade vai passar despercebida por mim.

CAPÍTULO 7:
Passo 3 – Inspire-se em quem fez história

xistem algumas técnicas comuns no mercado que a maioria dos empresários não conhece ou não utiliza, seja por não entender bem ou não as dominar. Uma dessas técnicas que, na minha opinião, pode ser um grande ponto de virada em qualquer negócio é o *benchmarking*.

O termo, que vem do inglês, significa "avaliação comparativa" (ao pé da letra, em português), mas vai muito além de apenas fazer avaliações dentro da empresa. Não se sabe bem como a técnica surgiu, mas os primeiros registros do *benchmarking* como método de mercado datam a década de 1970, na estadunidense Xerox, empresa de tecnologia da informação e documentação, mais conhecida no Brasil como inventora da fotocopiadora e fabricante de impressoras.[13]

Após um período de grande dificuldade, os gestores da Xerox decidiram pesquisar minuciosamente o que vinha fazendo com que a empresa perdesse vendas, considerando que lideraram o mercado por bastante tempo. Implementaram um estudo rigoroso que usava como base um exercício estratégico de analisar a concorrência em comparação direta com os produtos e processos internos da empresa.

A empresa adquiriu os produtos mais vendidos das suas principais concorrentes da época – como a Canon, que também passou a fabricar fotocopiadoras e impressoras –, e levou os equipamentos para um laboratório, no qual técnicos testaram à exaustão a potencialidade de cada um. Depois, essa equipe

---

13 BENCHMARKING: Como os concorrentes podem ajudar no crescimento da empresa. **Biz Capital**, 16 ago. 2018. Disponível em: https://bizcapital.com.br/blog/benchmarking/. Acesso em: out. 2021.

desmontou e observou cada detalhe do interior das máquinas para identificar em que cada equipamento era melhor do que os da Xerox.

Um dos objetivos dessas pesquisas era descobrir quais os materiais e peças cada equipamento usava que geravam os mesmos resultados, mas com custo menor de produção e permitindo a venda a preço mais baixo – que era o principal motivo da preferência do público pelas máquinas concorrentes.

O MELHOR DOS MELHORES

Essa técnica possui uma metodologia, é dividida em categorias e tem até alguns passos pré-definidos, mas o *benchmarking* é uma ferramenta de gestão antiga e o meu objetivo principal aqui não é exatamente ensinar a usá-la ou criar um passo a passo. Isso você consegue achar em qualquer livro sobre gestão ou no Google. O que quero é abrir a sua mente para as possibilidades que você talvez não conseguisse enxergar sozinho. Esse é o meu papel.

O propósito fundamental do *benchmarking* é melhorar as práticas da sua empresa, seja na área administrativa, na qualidade do produto ou na experiência do consumidor, como forma de ganhar vantagem competitiva. Para isso, usa a comparação direta com o que já existe de melhor no mercado.

Enquanto o *benchmarking* é um processo usado para identificar referenciais que podem ser positivos para melhorar a sua empresa, o *benchmark* já é a própria referência de excelência. E é muito importante utilizar as duas técnicas combinadas.

Veja só: o *benchmarking* é sobre algo muito específico. Quero melhorar um processo dentro da minha empresa, como atendimento ao cliente ou relacionamento pós-venda. Busco empresas que são conhecidas por bons atendimentos e pós-venda e analiso o que elas fazem que as tornam tão boas e o que desse processo eu consigo inserir na minha operação. E não necessariamente precisam ser empresas do mesmo nicho ou segmento, que vendam o mesmo produto que eu.

Por exemplo, essa técnica é sobre quando eu, Marcos Freitas, olho para empresas como Amazon, Apple ou Netflix para entender como elas capricham na experiência do consumidor e tento trazer práticas parecidas para dentro do Seja Alta Performance, embora sejam negócios de nichos muito diferentes do meu, além de diferentes entre si. A minha empresa tem como propósito acelerar outras empresas – nada a ver com estas outras em que me inspirei. Mas se elas são empresas grandes, que deram muito certo e possuem grande apreço do público, por que não me inspirar no que elas fazem de bom e tentar adaptar isso ao meu negócio?

Estou aproveitando para surfar a onda que elas surfam. Até porque, mesmo sem ser concorrentes, essas empresas já conquistaram o meu público, e eu com certeza tenho muito a aprender com elas. Esse raciocínio funciona também para negócios que são concorrentes, direta ou indiretamente. Você recolhe o melhor que há nas melhores empresas e atualiza a sua para torná-la a que as pessoas prezam e definem como boa.

Empresas grandes e com muitos anos de mercado também fazem *benchmark*. Esse é o exemplo da Coca-Cola, aliás, cujo caso comentei anteriormente. Ao fazer um *benchmark* de seguimento, a Coca-Cola descobriu que vinha perdendo espaço para alguns concorrentes indiretos, que não julgava importantes até então.

Enquanto a Coca focava em ser a bebida mais consumida do mundo e buscava outras opções de alto consumo, seus clientes julgavam como suas principais finalidades refrescar (por isso campanhas publicitárias com o refrigerante bem gelado, copo suando e cubos de gelo perfeitos) e espantar o sono, considerando a alta quantidade de cafeína na fórmula. Então, a empresa percebeu que sua concorrência estava, para seu espanto, nos picolés e cafés gelados que começaram a surgir. Os picolés e sorvetes ajudavam a refrescar, enquanto cafés, frappés, cappuccinos e *shakes* cafeinados ajudavam com o sono – e, às vezes, com as duas coisas. Ao perceber isso, a Coca-Cola começou a lançar produtos que alcançassem esse público, como a Coca--Cola Café Expresso.

BENCHMARK E MODELAGEM

O *benchmark* costuma ser feito logo no início da criação do negócio. Mas, como o objetivo é expandir a mente, entender o conceito e estar aberto a oportunidades, é também possível de acontecer com o negócio já em andamento.

É o exemplo de uma loja de departamentos muito conhecida no Brasil, a Riachuelo, que fez *benchmark* da estadunidense Macy's – que possui a maior loja do mundo, localizada em Nova York, e ocupa um quarteirão inteiro – e da Zara, originalmente espanhola, mas que já ganhou o mundo inteiro. Se você entrar nestas duas lojas de departamento, Zara e Macy's, e depois for fazer compras na Riachuelo, perceberá muito rapidamente o *benchmark* feito. Desde o desenho de loja, o estilo das roupas à venda, o esquema de cores, a iluminação dos cabides, os modelos de manequins, a forma como os produtos estão expostos e até mesmo detalhes como os anúncios publicitários ou o estilo de música da ambientação sonora: tudo isso foi um *benchmark* muito bem executado.

Embora a Riachuelo seja muito conhecida no Brasil e tenha uma marca forte, foi um negócio que surgiu de uma comparação direta com esses outros. Hoje, as lojas podem conviver dentro de um mesmo shopping e ninguém consegue dizer que são parecidas só de passar pela frente, sem saber da história por trás. Você consegue perceber a sutileza da estratégia?

Outro ótimo exemplo é a brasileira San Paolo Gelato Gourmet, uma sorveteria de Fortaleza que surgiu claramente de um processo de *benchmark*. O fundador queria começar um empreendimento, mas não sabia ainda em que investir.

Mas se elas são empresas grandes, que deram muito certo e possuem grande apreço do público, por que não me inspirar no que elas fazem de bom e tentar adaptar isso ao meu negócio?

Já tinha outro negócio, com cujo rendimento não estava satisfeito, quando descobriu uma sorveteria estadunidense que vinha fazendo muito sucesso.

Ele decidiu viajar para conhecer melhor a loja. A sorveteria era a Cold Stone Creamery, que fazia os sorvetes na hora, na frente do cliente, numa pedra de gelo (daí o nome em inglês, *cold stone*) e personalizado, de acordo com o pedido. A ideia era diferente e ainda inexistente no Brasil.

Quando voltou, buscou investimento e abriu a primeira loja em Fortaleza, em 2013, nos mesmos modelos da americana Cold Stone, com a pedra de gelo e a personalização – acrescidos do toque brasileiro dos sorvetes tropicais. Até o fim de 2020, a San Paolo possuía 35 lojas próprias em oito estados brasileiros e já havia aberto o modelo de franquia, chegando a cerca de 360 lojas ao todo – e sempre com a meta de abrir e expandir ainda mais.

Então será que a modelagem é algo ruim, negativo? Não, muito pelo contrário: é superinteligente. Existem vários outros exemplos bem-sucedidos, como o restaurante Coco Bambu, no Ceará, e o Camarões Potiguar, no Rio Grande do Norte.

TUDO QUE É BOM... SE COPIA!

Você já deve ter percebido que eu concordo com o princípio de que se algo é bom, deve ser copiado. Mas já parou para pensar em quem você anda copiando e no que traz como modelo para sua empresa?

Se percebe que todo mundo trabalha igual, seja na sua cidade ou nicho de atuação, você não vai copiar o exemplo de alguém que faz algo que já está saturado. Se agir assim, sua empresa será só mais uma no enorme mar de daquelas que fazem tudo igual.

Os exemplos são de empresários que foram espertos. Copiaram modelos únicos, disruptivos, modelos pioneiros e que ainda não existiam no lugar em que abriram seu negócio. Não existia nada como o restaurante que o Coco Bambu abriu.

Assim como não existia nenhuma sorveteria como a San Paolo no Brasil ou nenhuma loja de departamentos como a Riachuelo.

Quando quiser um exemplo de excelência de negócio para copiar, fuja das empresas que repetem modelos, fuja de exemplos ruins. Defina o horizonte mais distante que puder, trace o caminho mais ousado, coloque como meta aquela empresa de destaque que já está no futuro, que é bem-sucedida e cujo sucesso pode ser replicado, que você considera possível de ser copiada e que ainda não existe no seu nicho.

Não adianta copiar uma empresa para ser mais do mesmo, para não se diferenciar, não se destacar, para passar despercebida.

Procure os projetos mais improváveis das startups ainda desconhecidas, estejam no Brasil ou fora daqui. Olhe para as empresas que estão inovando nos Estados Unidos, na Europa e na Ásia. O que elas estão fazendo? Como posso trazer as melhores ideias para cá, para o meu negócio, para a minha cidade? Como posso adaptar essas ideias para o meu público, produto ou serviço?

Não adianta copiar uma empresa para ser mais do mesmo, para não se diferenciar, não se destacar, para passar despercebida.

CONHEÇA SUAS FORÇAS

É certo dizer que as empresas que conhecem suas forças costumam ser mais bem-sucedidas e mais lembradas pelo público. Para ser uma empresa notável, que se destaca no mercado, você precisa de um diferencial – e esse diferencial vem exatamente das suas forças. Mas será que você sabe qual é o seu diferencial? Será que todos dentro da empresa sabem quais são as forças do negócio?

É comum que tanto dono quanto funcionários saibam dizer rapidamente tudo o que há de errado dentro da empresa. Todas as características do produto que poderiam ser melhoradas ou tudo o que há de defeito ou falha na operação e na gestão, por exemplo. Mas nem sempre essas mesmas pessoas são capazes de olhar para as forças da empresa.

Proponho agora um exercício. Faça primeiro sozinho, depois com toda a gestão e, finalmente, com todos os colaboradores. Observe com atenção, identifique quais são as forças do seu negócio, liste tudo o que você tem de bom e tudo pelo que seu negócio é conhecido por fazer bem feito. O que os consumidores mais gostam no seu produto, na sua operação ou serviço.

O diferencial do seu negócio e o potencial de crescimento de toda a empresa pode estar exatamente aí, esperando para ser explorado ao máximo. Geralmente, é na sua virtude que você encontrará o sucesso. Porque é a partir daí que todos vão sentir o brilho e a paixão que você sente pelo seu negócio, pela sua equipe, pelos seus clientes.

"SE VOCÊ NÃO SABE PARA ONDE QUER IR...

... qualquer caminho serve." Na minha opinião, essa frase de Lewis Carroll é um grande resumo da vida empresarial no Brasil.

Existem muitos profissionais que querem deixar de ser funcionários para se tornar chefes e não receber ordens de mais ninguém, para ter a tal "liberdade" para tudo. Então, pensando nisso, essas pessoas resolvem montar um negócio, empreender, abrir uma loja, imaginando que tudo será mais fácil, mais simples, porque são chefes agora, que não vão mais morrer de trabalhar e os louros vão chegar naturalmente, como a chuva que cai do céu.

Mas os profissionais empreendedores não procuram um negócio pelo qual tenham paixão, tenham tesão. Um negócio que os anime a trabalhar mesmo sem incentivo financeiro. No desejo de ganhar muito dinheiro – o mais rápido possível –, trabalhadores acabam abrindo qualquer loja, qualquer negócio, pensando apenas no que pode dar mais lucro, e perdem o principal fator de sucesso: o propósito.

Essa falta de propósito fica mais evidente quando o assunto é o futuro. Esses empresários raramente se preocupam em traçar os caminhos para o futuro, porque nunca pararam para pensar onde querem chegar, onde querem estar daqui dez ou trinta anos. Eles até sabem que querem estar ricos, mas não conseguem visualizar onde a empresa vai estar, fazendo o quê, atendendo a que tipo de clientes, por exemplo.

Existe um exercício que gosto muito de fazer com meus clientes e gostaria que você também se entregasse a ele agora. Imagine que está na sua empresa e, do lado de fora, lá na calçada, tem um carro. Dentro desse carro, estão as quatro pessoas que você mais ama no mundo. Você vai precisar dirigir esse carro numa viagem incancelável, em meio a uma tempestade e a 3.000km/h, para chegar ao destino na hora certa. Mas há um detalhe: nada funciona no painel do carro. Você não sabe a que velocidade está, em que nível está o combustível, se a bateria está normal, se o carro está esquentando ou não, quanto está de RPM, qual o nível de óleo ou água no motor... nada. O painel inteiro está quebrado.

Agora, responda para si mesmo, com sinceridade: você conseguiria dirigir esse carro com tranquilidade, em paz, levando as pessoas que mais ama, nessas condições? Ou dirigiria de maneira insegura, com cautela e medo? Eu, particularmente, não ficaria um segundo em paz.

"Marcos, mas o que isso tem a ver com a minha empresa?", me perguntaram uma vez. A resposta é: tudo! Esse painel quebrado representa exatamente uma empresa que trabalha sem metas e indicadores. Esse tipo de empresa é sempre um carro sem painel, um barco à deriva, porque ela não sabe para onde vai, não tem controle da situação, o que gera preocupação, medo e insegurança. Se você não tem objetivos claros para a sua empresa, esse painel de bordo, que deve existir dentro do seu negócio para que consiga controlá-lo, não está lá – ou está quebrado, o que também não ajuda em nada.

Não adianta também ter mil indicadores se você não consegue atingir nenhuma meta, ou muito menos acompanhar todos eles. Pois, assim, o painel deixa de ser o de um carro e passa a ser o de um avião. O painel de controle de um avião tem incontáveis botões e sinalizações, muito mais do que o de um carro, mas não adianta nada se também estiver quebrado. Talvez o piloto fique ainda mais inseguro e com mais medo de pilotar do que o motorista.

A depender do carro, a tecnologia atual já permite ver coisas como calibragem do pneu, alinhamento, qualidade do combustível, mas lembre-se de que não adianta de nada ter a tecnologia se você não souber lê-la ou usá-la. Consegue compreender o que estou dizendo?

USE O PAINEL A SEU FAVOR

A empresa precisa ter um painel funcional que seja de fácil acesso e leitura. E é isso que vai determinar para onde ela vai. Você já deve ter percebido que estou falando de indicadores claros e metas específicas definidas para esses indicadores, certo? William Edwards Deming (1900-1993), professor e consultor de negócios estadunidense, disse em seu livro[14] que "não se gerencia o que não se mede, não se mede o que não se define, não se define o que não se entende e não há sucesso no que não se gerencia".

Vi casos de empresas que começaram a analisar indicadores e passaram a focar na margem de vendas, investiram em treinamento dos vendedores e novos produtos e, de repente, o índice de faturamento cresceu exponencialmente. Mas a

---

[14] DEMING, W. E. **The Essential Deming:** Leadership Principles from the Father of Quality. Nova York, EUA: McGraw-Hill Education, 2012.

O diferencial do seu negócio e o potencial de crescimento de toda a empresa pode estar exatamente aí, esperando para ser explorado ao máximo.

gestão acabou fechando os olhos para todo o resto, como despesas, margem de lucro e impostos. O dono se animou com o crescimento das vendas e gerenciou o negócio só com esse indicador.

Pense, se a empresa fosse um carro, o indicador de vendas seria apenas uma das informações, seria só o velocímetro, por exemplo. Não adianta dirigir um carro em alta velocidade, com o pé constantemente no acelerador, se o combustível está perto de acabar, se estamos longe de um posto ou se estou prestes a entrar numa curva fechada – vai dar tudo errado. É o que acontece com uma empresa que cresce demais em vendas. A gestão não olha para os outros indicadores e o negócio começa a crescer sem uma estrutura que suporte a expansão – e isso é extremamente arriscado.

DEFINA SEUS INDICADORES E ESTABELEÇA METAS CORRESPONDENTES

Tenha sempre à mão os indicadores de venda, de despesas, de margem de lucro e de satisfação dos clientes. Embora exista uma infinidade de outros indicadores, estes são, na minha opinião, os quatro principais que você nunca deve perder de vista para manter uma gestão equilibrada, que é o básico. Existem outros indicadores, como fluxo de caixa e sucesso de cliente, mas a lista depende do seu nicho de mercado. Os quatro que citei anteriormente são os fundamentais que toda empresa deve ter, independentemente do produto que venda ou do serviço que preste.

Uma empresa não pode ser conduzida somente por paixão e *feeling*. É preciso que existam números e estratégia, e as ações precisam ser executadas com equilíbrio, pensando em todo o cenário, sem excluir nenhum fator. É a união disso tudo que vai definir o sucesso do negócio.

É preciso que haja alguém diariamente de olho nos indicadores básicos. E antes mesmo que você pense em quão trabalhoso isso será, eu confirmo: dá trabalho mesmo. Ser empresário não é só abrir uma empresa e esperar o dinheiro entrar na conta. É muito trabalhoso, de fato. Mas é um conjunto equilibrado de indicadores que faz dar certo. Os números são a linha de chegada, eles não mentem.

> **Tenha sempre à mão os indicadores de venda, de despesas, de margem de lucro e de satisfação dos clientes. Embora exista uma infinidade de outros indicadores, estes são, na minha opinião, os quatro principais.**

Refletem tudo de errado que acontece em uma empresa sem precisar que um consultor ou assessor dê essas informações. E indicadores mal gerenciados refletem uma má gestão.

Então, comece a montar sua planilha, a analisar mês a mês, a anotar todas as despesas, a definir metas para diminuir os gastos! Estabeleça uma meta de retirada de lucros também. Defina metas para tudo. Anote nessa planilha custos como aluguel do seu espaço, orçamento de marketing, gastos com energia, água e com compra de mercadoria. Custos precisam ser igualmente analisados. Não se pode fazer tudo de qualquer jeito.

Às vezes, você está sem dinheiro em caixa, o estoque está lotado, mas resolve comprar mais mercadoria só porque "surgiu uma oportunidade". Depois, acaba ficando com material parado e sem dinheiro para pagar os custos diários da operação. Ações assim podem levar a empréstimos e dívidas desnecessários. Isso é o que chamo de meter os pés pelas mãos. Se seus indicadores são claros e seu estoque e fluxo de caixa estão em ordem, você não comete um erro assim tão facilmente.

Como informei, existem inúmeros outros indicadores, como percentual de despesas *versus* faturamento, custos sobre mercadoria vendida, margem líquida, orçamento de compras, verba de marketing, crescimento mensal, crescimento em relação a anos anteriores e participação no faturamento de clientes (caso a empresa trabalhe com B2B). Então, você precisará escolher aqueles com os quais vai querer trabalhar. Olhe para dentro da sua empresa e anote quais são os indicadores que você mais precisa para gerenciá-la bem.

Pense em ter de cinco a dez indicadores para não acabar com aquele painel de avião que você não sabe pilotar, lembra-se? E os quatro obrigatórios você já tem: vendas, despesas, lucro e satisfação dos clientes.

Todo mês, pare para avaliar sua empresa através deles. E faça verdadeiramente essa análise. Pare a empresa toda por um dia se preciso, mas não deixe de analisar, comparar e traçar metas para resolver os problemas que os indicadores apontarem.

Se estiver com dificuldade de escolher seus indicadores, pense no seguinte: onde está doendo? Liste as maiores dores que você conseguir identificar na empresa. A equipe dá muito desconto? Indicador e meta de desconto. A inadimplência é alta? Indicador de inadimplência. Os clientes não voltam? Indicador de retorno da carteira. O indicador é o melhor termômetro para as dores da empresa.

METAS FUNDAMENTAIS

Para qualquer empresa é igualmente importante estabelecer metas. Lembra-se de que falei sobre ter sempre o horizonte à vista? Pois as metas devem fazer parte de todos os segmentos de uma empresa.

No grupo Seja Alta Performance existem metas gerais, da empresa como um todo, de vendas, de diminuição de despesas, entre outras. E existem também metas por setores, as pessoais para cada colaborador e até as que traço para mim mesmo. Mensalmente, defino com minha equipe as metas dos principais indicadores – vendas, despesas, margem de lucro e satisfação dos clientes – e, no fim de cada mês, há uma reunião de avaliação com toda a equipe.

Existem sete metas que considero essenciais para qualquer tipo de negócio. São elas: faturamento, orçamento de despesas, margens de lucro, ticket médio, satisfação de clientes, novos clientes e positivação de carteira.

A meta de faturamento deve ter comparativos periódicos entre o que foi projetado e o que está sendo realizado. O ticket médio é o valor médio de venda por cliente – quanto cada cliente gasta ao comprar na minha empresa? E quanto quero que ele passe a gastar? Esse novo valor será aquilo que os vendedores precisarão buscar a cada operação.

As despesas feitas devem ser sempre analisadas de acordo com o que foi planejado no orçamento. Quando percebemos que o teto do orçamento está próximo, é preciso chamar a atenção da equipe e do setor de compras para reorganizar os gastos dentro da meta e fazer de tudo para cortar despesas, sejam extras ou essenciais – é a hora de economizar para cumprir a meta. Existe ainda a meta de novos clientes: quantos novos clientes a minha equipe de prospecção precisa conseguir? Lembre-se de que não adianta apenas jogar números aleatórios aqui, pense nas metas gerais da empresa e estabeleça as menores de acordo com o que deve acontecer para tudo dar certo no objetivo macro. Se existe uma expectativa de X% de aumento de lucro ou faturamento, a empresa só conseguirá atingir se conquistar Y novos clientes... tudo deve estar conectado.

É preciso trabalhar com a meta de satisfação dos clientes e com a de positivação da carteira, que significa vender novos produtos para clientes que já conhecem a empresa, clientes antigos. Isso porque uma empresa que bate metas deve estar sempre de olho nos dois perfis de clientes: os novos e os da casa. É com altos índices de satisfação que novos clientes se tornam fiéis ao negócio, e é construindo um bom relacionamento com eles e cultivando um bom pós-venda que a carteira se mantém sempre positivada.

No desejo de ganhar muito dinheiro — o mais rápido possível —, trabalhadores acabam abrindo qualquer loja, qualquer negócio, pensando apenas no que pode dar mais lucro, e perdem o principal fator de sucesso: o propósito.

CAPÍTULO 8:
Passo 4 – O fluxo de caixa é rei

o capítulo anterior, falei do quanto acredito que os indicadores sejam essenciais para o gerenciamento – e o sucesso – de uma empresa. Porém é preciso entender que não adianta nada definir as dores, pensar nas necessidades, criar indicadores e traçar metas se você não acompanhar nem analisar esses dados rigorosamente.

Quando digo que o cliente é o verdadeiro dono do seu negócio, quero que você entenda que ele é quem define as regras do jogo. Mas existe também outra verdade que talvez você ainda não saiba: o rei do seu negócio é o fluxo de caixa.

Independentemente do seu segmento, do produto que venda ou do serviço que preste, se você é o único dono ou possui sócios, se tem muitos ou poucos funcionários... o fluxo de caixa é o verdadeiro rei do seu negócio. Enquanto são os clientes que definem as regras, é o caixa que define a estratégia do jogo, escolhe os jogadores e coloca o time em campo. Dependendo das condições, escolhe até a bola.

VOCÊ SABE LIDAR COM OS NÚMEROS?

Existem pessoas que lidam muito bem com números, enquanto outras lidam melhor com pessoas e operações. Isso depende muito do perfil de cada um e de interesses e habilidades pessoais. Mas um bom empresário precisa estar sempre atento aos principais números de sua empresa, notar quando algo soa confuso e saber agir quando a balança pende mais para um lado do que para o outro. Se você for do tipo que não sabe lidar bem com os números, sugiro que contrate alguém em quem confie para fazer isso ou aprenda o quanto antes, porque é impossível gerenciar bem uma empresa sem analisar esses dados diariamente.

Uma vez por semana, reúno minha equipe de gestores para analisarmos juntos todos os indicadores da empresa, focando especialmente o fluxo de caixa. Uma vez por mês, faço isso também com todos os colaboradores da empresa.

Para profissionalizar sua empresa e aumentar a performance, você terá um caminho de muito trabalho pela frente que não será nada fácil. Mas que bom! Se você consegue enxergar tudo o que acontece no seu negócio e identifica um monte de coisas para fazer, isso é maravilhoso. Significa que há muito a ser mudado lá dentro, com as ferramentas que você já tem, para melhorar sua operação, aumentar suas vendas e até, quem sabe, salvar o seu negócio. Só depende de você.

NÃO SE DEIXE ENGANAR

Os números podem ser um tanto quanto traiçoeiros, caso você não seja muito familiar a eles, e a falta de uma boa análise dos indicadores da empresa pode levar a sérios problemas tanto quanto uma boa gestão dos indicadores pode alavancar seu negócio.

Falo isso porque, ao inserir os indicadores na empresa, muitos empresários tendem a focar o número de vendas e o valor de faturamento – e crescer os olhos quando esse valor aumenta absurdamente. Na empolgação do crescimento, esquecem-se de analisar o fluxo de caixa e, mesmo com índices de venda e faturamento recorde, não conseguem sustentar a operação e acabam pedindo empréstimos ou até falindo por falta de gerenciamento. Nem sempre vendas e faturamento refletem o ganho verdadeiro da empresa ou são a solução para todos os problemas.

Vamos analisar o cenário de uma empresa que acompanhei.

A empresa vendia muito bem, mas não tinha indicadores ou metas, e, quando o empresário as instaurou, viu os índices crescerem mês após mês. Era uma loja de varejo de equipamentos eletrônicos e acessórios, e os vendedores tinham como cultura muito forte a venda de acessórios e itens decorativos, pelos quais a loja era bastante conhecida. Esse era um tipo de venda mais fácil, mas também de ticket médio menor e baixa margem de lucro.

Observando a venda e o faturamento aumentarem, o gestor investiu em expandir a operação, abriu outra loja, contratou mais funcionários. Meses mais tarde, depois de pagar todos os salários, custear a nova loja e investir na compra de novos produtos, ele se viu sem caixa para pagar as contas e precisou pedir um empréstimo.

Porém, se as vendas e o faturamento estavam aumentando, qual era o problema? Por que a empresa não tinha dinheiro em caixa? Como ele faria para pagar o empréstimo, se as contas não estavam batendo?

Foi então que o gestor percebeu que as vendas aumentaram, mas as de produtos com margem de lucro muito baixa. Vender mais produtos de menor valor, quase sem margem, não gerava lucro suficiente que justificasse os investimentos que ele havia decidido fazer. Juntando isso aos juros do empréstimo e todo o resto, o gestor se viu num beco sem saída, desesperado por uma luz no fim do túnel.

> *Se você consegue enxergar tudo o que acontece no seu negócio e identifica um monte de coisas para fazer, isso é maravilhoso. Significa que há muito a ser mudado lá dentro.*

Depois de analisar a situação, conversei com ele e sugeri que a solução poderia estar dentro da própria empresa. Ele não precisava de mais capital de giro ou de outro empréstimo com menor taxa de juros. Ele precisava que a equipe comercial se conscientizasse do problema e passasse a vender mais produtos com maior margem, parasse de focar na venda de acessórios e vendesse mais equipamentos caros, como computadores, celulares, máquinas fotográficas.

Perguntei quais eram os produtos de maior margem de lucro e ele fez uma lista. Pronto: aquilo é que seria preciso vender! Fiz algumas indicações, como suspender totalmente a compra de novos itens e informar a todos os colaboradores a nova situação; diminuir os descontos, oferecendo essa facilidade apenas para pagamento a vista, já que, nesse caso, o dinheiro vai direto para o caixa e sem os juros do cartão; oferecer um bônus para o vendedor que mais vendesse os produtos da lista; fazer uma campanha de divulgação dos produtos mais caros, suspendendo um pouco a oferta de acessórios. A ideia era simples: girar o estoque até recuperar o fluxo de caixa.

O gestor conversou com a equipe, engajou o time comercial, criou metas de venda dos produtos de maior margem e de diminuição de descontos. Em alguns meses, conseguiu restaurar o fluxo de caixa, pagar o empréstimo e equilibrar a situação financeira da loja.

FECHE A TORNEIRA

Esse foi um caso, mas existem muitos outros que eu poderia citar de momentos em que a falta de análise do fluxo de caixa prejudicou a empresa. Outra questão em que talvez você ainda não tenha pensado é justamente que as despesas de uma empresa são tão importantes (e às vezes até mais) quanto as vendas. Muitos focam apenas nas vendas e no lucro, mas esquecem-se completamente de acompanhar as despesas, o que faz o jogo pender mais para um lado. Quem mais sofre com isso é o fluxo de caixa.

Veja que o fluxo de caixa é como uma torneira. O dinheiro que entra – das vendas dos produtos e serviços, do capital de giro, dos investimentos – é como a água que vem do cano e abastece a torneira. Já as despesas são como a água que sai dela. Se você é alguém que abre a torneira da pia na máxima vazão e usa sem medida, não importa quanto de água entre, a caixa d'água nunca vai encher, porque a água sempre vai sair muito mais rápido do que entrar.

Agora, onde se lê "água", leia-se dinheiro. Você entende o que quero dizer?

Nunca entrará dinheiro o suficiente para cobrir as despesas e o seu caixa vai estar sempre no negativo se você gastar descontroladamente, sem se preocupar com as despesas da empresa, se não procurar economizar, não fechar a torneira em alguns momentos, não verificar a possibilidade de diminuir as despesas e de enxugar os custos de produção – não importa quanto a sua equipe venda ou o valor que coloque nos produtos.

Muitas vezes, existem despesas que podem ser cortadas e nem sabemos. Entre em contato com fornecedores, feche parcerias, permutas, conceda garantias, diminua desde custos da operação até gastos internos desnecessários. Identifique em que o setor de compras está gastando mais do que deveria e qual produto não dá tanto retorno, que pode ficar de fora nas próximas compras. Ponha tudo na ponta do lápis e considere negociar dívidas e parcelas. Faça a matemática trabalhar a seu favor.

O FLUXO DE CAIXA É SEMPRE REI

Quando digo que o caixa é rei na empresa, quero dizer, na verdade, que as suas decisões administrativas devem sempre levar em consideração a situação do caixa naquele momento. Pois esse é o indicador que vai prevalecer no fim do dia.

É o caixa que diz quão bem ou mal vai uma empresa, quanto os colaboradores podem se sentir seguros em meio a uma situação de emergência ou sobre a real possibilidade de expandir os negócios. Se é o cliente quem determina quão bom é o seu produto, é o caixa que define quão bem-sucedida é a sua empresa – e a sua habilidade em gerenciá-lo será determinante no processo.

Se é o cliente quem determina quão bom é o seu produto, é o caixa que define quão bem-sucedida é a sua empresa.

CAPÍTULO 9:
Passo 5 – Acelerando as vendas

Se existe algo em que insisto muito é identificar o que faz a sua empresa diferente e focar sempre essa diferenciação, dar vez e voz a ela, porque, na minha opinião, é exatamente esse o fator que faz uma empresa se tornar bem-sucedida.

Talvez de início pareça que não, mas a diferenciação de uma empresa em relação aos concorrentes tem tudo a ver com quanto ela vende e, ainda mais importante, com quanto fatura e lucra.

A ESTRATÉGIA DO OCEANO AZUL

Não sei se você já ouviu falar da estratégia do oceano azul. É uma teoria muito interessante que parte de um estudo de mais de dez anos e que acabou virando um livro.[15] Para os autores W. Chan Kim e Renée Mauborgne, a melhor estratégia de mercado para superar a concorrência é não se preocupar em superar a concorrência. Parece estranho de início, mas faz muito sentido.

Quando monta um negócio, a maioria dos empresários olha primeiro para o que outros empresários fizeram, para outros negócios que já existem no ramo. Preste atenção na sua cidade, por exemplo. Quando abre uma barbearia num dia, é provável que no outro dia apareçam mais dez exatamente iguais, mudando

---

15 KIM, W. C.; MAUBORGNE, R. **A estratégia do oceano azul:** como criar novos mercados e tornar a concorrência irrelevante. Rio de Janeiro: Sextante, 2019.

pouca coisa, apenas no nome. Ou uma loja de açaí, de bijuteria... É assim também com os bancos e restaurantes, todos trabalhando do mesmo modo.

O que diz, então, a estratégia do oceano azul? Esqueça-se dos concorrentes, torne-os irrelevantes, e assim você superará todos eles. "Mas como faço para que os meus concorrentes sejam irrelevantes?", me perguntam. "Não repetindo o modelo deles!", sempre respondo. Se atendo meu consumidor de maneira única e exclusiva, se trato meu negócio como algo totalmente diferente de tudo o que já existe e não abro nem mesmo margem de comparação do meu negócio com os concorrentes, essa já é uma forma de torná-los irrelevantes.

Lembra o caso do Nubank? No lançamento, a preocupação poderia ser competir com bancos muito antigos e de tradição, como Itaú, Santander e Bradesco. Mas os sócios não olharam para nada disso. Prestaram mais atenção ao consumidor, ao que as pessoas que iam ao banco desejavam, do que reclamavam, o que achavam ruim, como gostariam que fosse. Em menos de dez anos, o Nubank se tornou uma companhia gigantesca, um baita sucesso.

O principal mandamento da estratégia do oceano azul é: saia da guerra de preço e imagem. Se seu mercado possui um oceano de empresas que têm imagens pequenas e ficam brigando por meio de desconto no preço, simplesmente fuja. Dar desconto e diminuir o preço para "ganhar" do concorrente é um ciclo vicioso em que as empresas entram e não conseguem mais sair depois de se afundar. Brigar com concorrente para ser o mais barato e matar a margem de lucro no caminho pode quebrar o negócio.

Quando alguém fala comigo sobre briga de preço ou sobre ser o mais barato, gosto de citar a Apple. Aí tem sempre o argumento: "Ah! Mas é a Apple, né? Eu sou pequeno!". Acontece que não é preciso ser grande. Toda grande empresa já foi pequena. Nem é essa a questão, você não precisa ser grande para pensar como a Apple.

A marca de eletrônicos não se preocupa em tornar os seus produtos os mais baratos do mercado. Muito pelo contrário, há quem diga que ela põe preços muito mais altos do que o necessário com o objetivo claro de criar um nicho de mercado. Os aparelhos custam entre 5 e 9 mil reais

Se seu mercado possui um oceano de empresas que têm imagens pequenas e ficam brigando por meio de desconto no preço, simplesmente fuja.

hoje no Brasil, e não existem descontos na loja. A Apple não está preocupada em ter o celular mais barato, ela quer margem. Não quer que todo mundo possa comprar. Ela nem mesmo vende celular, vende iPhone. A Apple criou o oceano azul.

CLIENTE QUER O MAIS BARATO

Enquanto os outros fabricantes lançavam celulares com botões, design e funções parecidas, a Apple criou um aparelho todo tela, sem botões. Na prática, um iPhone faz tudo exatamente como outros celulares: liga, manda mensagem, e-mail, acessa rede social, tem calculadora, tira foto igual às outras marcas. Então qual é a principal diferença? Posicionamento.

Ela não entrou na briga de mercado para vender celular porque ela não estava se importando em vender celular. Vendendo o iPhone, a Apple vende celular, serviço, fidelização, status, garantia de um aparelho que não trava, entre várias outras coisas. Assim como a Tesla também, lembra-se? A Tesla não vende carro somente, mas carros elétricos, sem combustível, com experiência do início ao fim e a cada viagem; vende a imagem, a exclusividade, a modernidade. Consegue entender o que significa esse posicionamento?

Você acha que, ao entrar na Tesla ou na Apple, algum cliente pede desconto antes de fechar a compra? Ou que, caso um cliente diga "só levo se me der 10%", o vendedor da loja vai alterar em algo o valor final do pedido? Não há nenhum risco de isso acontecer porque só entra numa loja da Apple e da Tesla quem já sabe quanto vai pagar e está disposto a isso. A pessoa que compra em uma dessas lojas não é a mesma que faz pesquisa de preço para saber qual é o produto mais barato. Esse é outro público.

Quando me dizem que o cliente não vai fechar a compra porque o produto é muito caro, eu respondo logo: "Porque é caro não, porque não tem nenhum benefício ou diferencial atrelado". Nem todo cliente quer só o valor mais baixo. Mas não existe o público que fica pesquisando até achar o mais barato, pede desconto e só compra em promoção? Sim, existe. Assim como existe o outro público que compra sem se preocupar com isso, que compra para usufruir toda a experiência envolvida no processo, o atendimento, os brindes, o valor agregado àquele produto.

"Mas Marcos, eu quero ser o 'cara' do preço mais baixo!", insistem alguns. Ok, sem problemas. Então, aguente as consequências de ser esse "cara", aconteça o que acontecer. Para ser o "cara" do preço, você precisa aprender a ser muito eficiente no custo. E tome cuidado para não ter apenas o preço como diferencial.

Se eu oferecer um evento de imersão e aceleração e perguntar quem já baixou a tabela de preços em certo período e conseguiu aumentar as vendas, com certeza alguém vai levantar a mão. Dificilmente haverá uma turma em que isso nunca tenha acontecido com ninguém. Mas vamos aos números, que, como dito, é a melhor forma de analisar a eficácia de uma estratégia.

Você tem um produto na prateleira que custa mil reais e costuma vender dez peças por mês, isso equivale a um faturamento de 10 mil reais mensais, correto? Com a intenção de vender mais, você faz uma promoção e anuncia o mesmo produto por 500 reais. No fim do mês, você realmente vende bem mais, cerca de dezoito unidades, oito a mais que o normal. Porém, oito unidades por 500 reais equivalem a um faturamento de apenas 9 mil reais no fim do mês. Levando em consideração que o custo de vender dez unidades é menor que o de vender dezoito, o que você acha que realmente aconteceu nesse caso com o faturamento desse empresário? Não apenas ele perdeu mil reais de lucro, como também perdeu o custo de produção ou compra de oito itens que vendeu mais barato.

E aí, será que, no fim das contas, valeu mesmo a pena abaixar o preço? Ou será que, na verdade, essa mudança só quebrou a margem de lucro e prejudicou o caixa da empresa?

Não se deixe enganar. Baixar o preço será sempre o caminho mais fácil – é só dar um comando no sistema ou alterar uma etiqueta, simples assim. Mas você precisa mudar sua mente, parar com essa tara, essa obsessão pelo seu concorrente, o que ele faz, por quanto vende. Você olha demais para o concorrente quando deveria estar olhando bem mais para o próprio cliente. Pegue toda essa paixão pelo seu negócio e esse tesão pela concorrência e comece a direcionar a energia para seu consumidor.

COMPETIR JUSTO

No mundo em que vivemos, nem sempre a competição é muito justa. E tudo bem, o mundo dos negócios não é para qualquer um e é feito de pessoas muito diferentes, com empresas de todos os tamanhos, com estratégias variadas e inúmeros tipos de gestão.

Quando eu trabalhava com uma loja de varejo, competia com uma rede que tinha cem lojas e era a mais barata dentre os concorrentes. Eles compravam melhor, mais barato, eram mais fortes, tinham mais tempo de mercado e conseguiam uma boa margem, mesmo vendendo a um valor menor do que o nosso.

> **Pegue toda essa paixão pelo seu negócio e esse tesão pela concorrência e comece a direcionar a energia para o seu consumidor.**

Tentado entender como fazer para competir com essa loja, percebi que não adiantava brigar com ela através de preço – não adiantava porque eu não conseguiria. Se eu abaixasse os preços, não conseguiria manter minha operação nem expandir; não tinha como sustentar essa realidade.

Então, procurei saber o que esse concorrente não tinha e que eu poderia implementar. Nesse processo, descobri que não havia garantia na loja, enquanto eu poderia ter a garantia dos produtos na empresa em que estava. A garantia oferecida era de apenas uma semana; e eu poderia estender a minha para trinta dias. Esse concorrente vendia tudo a preços mais baixos, mas sempre com juros; já eu poderia manter o mesmo preço e parcelar em até três vezes sem juros. A entrega dos produtos era cobrada; eu tinha condições de fechar um contrato com frete grátis.

O jogo entre estas lojas nunca esteve na igualdade. Uma era muito maior, tinha mais unidades, uma operação mais tradicional, mais nome no mercado, comprava muito melhor. Mas a minha, embora ainda não tão grande, procurou compensar tudo o que os clientes procuravam, mas a outra deixava a desejar. O jogo está na diferenciação, lembra?

SER LOUCO É ELOGIO

Já fui chamado de louco muitas vezes pelo que faço e pela metodologia de aceleração de empresas que criei. No Brasil, aprendemos a fazer tudo igual desde o colégio. Existe uma cartilha para seguir: estudar o mesmo currículo no Ensino Básico, fazer a mesma prova no ENEM, tirar a carteira de trabalho aos 18 anos e começar a trabalhar. No mundo do empresariado não podemos manter esse padrão. Alguns têm medo de serem chamados de loucos, mas essas pessoas não entendem que, nos negócios, ser chamado de louco é um elogio.

Nesse mundo, o "doido" é o fora dos padrões, é o disruptivo. A empresa "doida" é a fora dos padrões, que não segue regras e, comumente, é a que conquista resultados surpreendentes, fazendo o que ninguém pensou que fosse possível.

Jeff Bezos foi considerado louco no seu tempo. Ele é fundador e ex-CEO da Amazon – e uma das pessoas mais ricas do mundo, atualmente. Quando lançou sua empresa, não olhou para Walmart ou para outras empresas da época que vendiam on-line; muito menos para livrarias, como Barnes and Noble. Ele não queria saber como as outras faziam, ou como esperavam que ele fizesse. Ele foi lá, olhou para o consumidor e fez.

Percebeu que bato muito nessa tecla? Meu objetivo com isso é fazer com que você internalize a ideia de focar seu negócio no consumidor: escolha seu cliente, olhe para ele, escute-o e agrade-o. Simples assim.

É fácil imaginar que quando o dono da Havaianas, que era o chinelo de borracha da classe baixa, disse para todo mundo: "Vamos virar sandália chique, de Hollywood", todo mundo deve ter rido muito e até dito: "Olha o doido!". Outro que devem ter chamado de louco: Santos Dumont. Ele apareceu dizendo: "Vou criar uma máquina que voa!" e alguém com certeza deve ter comentado: "Olha o cara! Tá louco! Vai voar? Tá pensando que é passarinho? Ser humano não pode voar!".

Assim como esses, existem vários outros exemplos de "caras doidos" que tiveram ideias brilhantes e conseguiram mudar o mundo, ou o mercado, com suas "loucuras".

Antigamente, eu não escolhia muito, por exemplo. Qualquer um que quisesse e tivesse o dinheiro, poderia entrar no pacote do Seja Alta Performance. Hoje não é mais assim. Se eu fosse um consultor normal, como muitos outros, andaria por aí de gravata e blazer, falando palavras bonitas e difíceis, usando expressões como *business plan* e *brainstorming*, termos complicados em inglês para mostrar que sei de alguma coisa. Mas não. Eu falo com meu público de maneira direta e objetiva, e sou tachado de louco por isso. O que posso dizer a você é: ouse ser mais doido! Permita-se ser menos normal, menos igual a todo mundo, mais diferente, mais arrojado e inovador. Você pode muito bem canalizar essa ousadia para o seu mercado – basta ter clareza de como ele é.

Então, seja doido mesmo. Isso é elogio! A grande sacada está exatamente na diferenciação. Saia da sua zona de conforto, porque lá todo mundo é igual, lá é mais fácil copiar, contratar um colaborador que também é igual a todo mundo, ter uma loja no shopping igual a tantas outras, uma vitrine com etiqueta de promoção de 50% durante o ano todo, com vendedores sem engajamento. Fazer como todo mundo é mais fácil, dá menos trabalho.

Mas qual é o resultado que "todo mundo" tem agindo assim? Será que vale a pena? Será que é isso que você quer para a sua empresa?

INOVAÇÃO DE VALOR

As empresas criadoras de oceanos azuis, que se destacam por sua diferenciação e não nadam no oceano dos saldos bancários vermelhos, junto às milhares de outras empresas que fazem tudo igual, adotam lógicas estratégicas diferentes da maioria, uma tática conhecidas por "inovação de valor".

A inovação de valor é uma nova maneira de raciocinar sobre a operação do negócio, criando um espaço no mercado e rompendo completamente com a concorrência. Nesse processo, a empresa torna-se tão diferente de seus concorrentes que nem mesmo cabe a comparação.

Eu tinha um cliente em Fortaleza, por exemplo, que trabalhava com roupas para a classe A. Sua loja era no melhor bairro, servia a melhor champagne para os clientes, sempre acompanhada de chocolate, tinha os melhores vendedores, contava com manobrista. Tudo lá gritava luxo e conforto para os clientes. Ele precisou fazer uma gestão de custos e, na crise econômica de 2016, cortou todos esses benefícios da loja, pensando em diminuir os gastos. O que aconteceu? Ele eliminou os maiores diferenciais que o negócio tinha, e, consequentemente, quebrou a empresa.

Aprenda com esse empresário e anote essa dica para a sua vida: nunca corte custos que prejudiquem a satisfação do seu consumidor. É possível cortar qualquer tipo de custo, menos o que está diretamente relacionado à satisfação do consumidor e à experiência do seu cliente, seja com o produto ou com a loja.

Situação parecida aconteceu com uma rede de franquias de sorvetes, também em Fortaleza, que cresceu muito rápido e cujo dono, querendo aumentar o lucro, começou a mudar os ingredientes para uma linha mais baixa, visando diminuir o custo de produção. O que aconteceu com esse? Quebrou! O consumidor não é desatento, ele percebe quando a qualidade diminui. Esse empresário já estava com vinte lojas e quebrou todas.

Então você me pergunta: "Mas o que ele deveria ter feito, então, Marcos?". E eu respondo que, se ele queria ganhar mais, que aumentasse os preços junto da qualidade do produto, para justificar. Mas esse empresário olhou apenas para si mesmo, baixou a qualidade para ter mais margem de lucro e, quando o cliente percebeu, se afastou em busca de algo no padrão anterior. Pois aquele já não era o produto que o havia conquistado.

VÁ ALÉM DA DEMANDA

Atender às demandas do segmento de mercado é nada mais do que o dever de toda empresa. Mas as empresas disruptivas, as empresas realmente inovadoras, que se diferenciam e não seguem a manada, são aquelas que vão além, que aproveitam as oportunidades, criam novas demandas para o seu produto e saem na frente com a solução.

Existe um conceito muito forte nas empresas estadunidenses, como a Netflix, que se chama cocriação, que significa criar os produtos ou serviços junto ao cliente.

Quando decidir criar um novo produto para a sua empresa, em vez de pensar em tudo sozinho ou chamar um consultor, especialista, técnico para desenhar o produto e pensar a estratégia, traga um grupo de clientes para dentro da empresa – ofereça um jantar, que seja – e pergunte o que eles querem ou precisam.

Por exemplo, se você vende uniformes, chame um grupo de compradores de uniformes e EPIs, almoce com eles e pergunte coisas como: "Como vocês costumam buscar seus fornecedores?"; "De que tipo de fornecedor vocês estão precisando no mercado?"; "Do que vocês não gostam na nossa empresa?"; "O que gostariam que nossa empresa tivesse?". Vá diretamente ao mundo do seu consumidor. Pare de fantasiar, de criar cenários hipotéticos com pessoas fictícias. Vá até ele e pergunte. Cheque com o cliente o que ele quer.

Hoje, todos os novos negócios que crio são ideias que vêm dos meus clientes! Não monto mais nada da minha cabeça. É muito mais fácil trabalhar com a ideia do meu cliente porque é uma necessidade sentida por ele, na qual vou só encaixar minha solução. Metade do trabalho já está feito. Ele é a melhor pessoa para identificar as próprias dores.

É essa conversa direta com os clientes que fará você sentir mais o seu mercado e até descobrir outros negócios ainda inexplorados, tornar a concorrência irrelevante ou mesmo criar nova demanda. Saia dessa briga valor × custo. Alinhe as atividades da empresa com a diferenciação. Pare de oferecer descontos por qualquer coisa. Se o seu produto é bom, se o seu negócio vale o que você cobra, não saia por aí distribuindo descontos. Acelere sem perder combustível.

Atender às demandas do segmento de mercado é nada mais do que o dever de toda empresa. Mas as empresas disruptivas, as empresas realmente inovadoras, que se diferenciam e não seguem a manada, são aquelas que vão além.

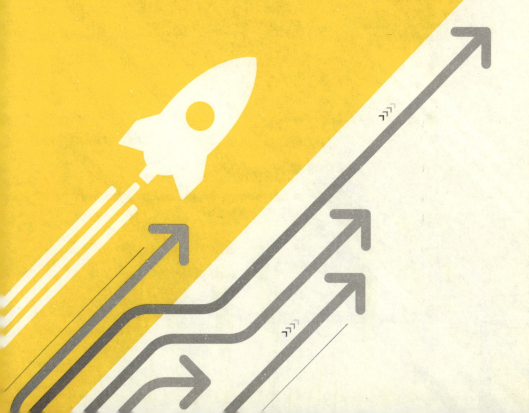

CAPÍTULO 10:
Passo 6 – A base do time

A empresa tem a cara do dono. Já insisti muito nessa ideia porque é importante o dono do negócio entender que a empresa é a cara dele, que reflete os seus valores. E é responsabilidade do empresário virar a chave e mudar a cultura.

Mas uma grande empresa não é construída apenas com um empresário. Ninguém consegue construir um grande negócio sozinho. Nem mesmo Jeff Bezos, Steve Jobs, Elon Musk ou qualquer outra pessoa que seja. Quem constrói uma grande empresa é um grande time.

Dentre as empresas que citei aqui como disruptivas e sucessos inegáveis em seus nichos, todas têm algo em comum: foco total em ter equipes qualificadas. Preste atenção nisso. Todas têm times compostos por profissionais de excelência e não abrem mão disso.

TIME DE SUPER-HERÓIS

Caso você seja, assim como eu, fã dos filmes de super-heróis, já deve ter percebido que os filmes solos não fazem mais tanto sucesso quanto os que têm vários heróis aparecendo juntos. O herói sozinho até vende, mas nem de longe tanto quanto os filmes com equipes unidas pelo mesmo propósito.

Assim é também com a sua empresa. Você não precisa ser o super-herói que faz tudo, que salva o negócio mês a mês sozinho. Você precisa ser aquele que recruta os melhores heróis para a sua empresa. Aquele personagem que monta o time e junta os super-heróis no início do filme.

Você precisa ser obcecado pelos melhores profissionais, sempre. Nas minhas empresas, costumo falar que a minha equipe nunca está 100% formada e fechada. Estou sempre buscando novas pessoas, constantemente atento às oportunidades que surgem e aos grandes talentos que cruzam meu caminho.

Mas, além disso, é de extrema importância que você saiba como contratar.

Existem muitas empresas em busca dos melhores profissionais que abrem vagas e fazem a seleção procurando a pessoa mais entendida, com nível mais alto de conhecimento técnico da área pretendida, com inúmeros certificados e títulos, além de anos de experiência. Mas será que você está levando em consideração o perfil da pessoa na hora de contratá-la?

A contratação destes tais heróis para o seu time é um momento crucial, e você precisa ser minucioso e específico, o que também inclui analisar o perfil do candidato para a vaga. Não adianta nada um ótimo currículo e muito conhecimento se, na prática, aquela pessoa não comunga com os valores da empresa e age contra a cultura empresarial, por exemplo.

QUEM É MELHOR?

Em uma palestra que dou, costumo mostrar fotos de uma vaca e de um golfinho. Certa vez, diante das imagens, perguntei ao público qual era o melhor entre aqueles dois. Seguiu-se um silêncio sepulcral na sala. De repente, todos se calaram, ninguém sabia dizer. Minutos depois, alguns mais ousados tentaram chutar uma resposta. Mas, no fim das contas, é impossível dizer com certeza qual é o melhor animal apenas por uma foto, não é?

Até que, em um dado momento, alguém perguntou: "Melhor em quê?". Bingo! Era exatamente aí que eu queria chegar.

Não há como dizer, olhando para aquelas fotos, qual é o melhor animal. Se eu perguntasse qual é o melhor nadador, com certeza o coro inteiro responderia que era o golfinho; assim como se eu perguntasse qual é era o melhor animal de fazenda, todos imediatamente diriam a vaca. Mas não tem como dizer qual é o melhor sem determinar a função que preciso que ele desempenhe.

Você não precisa ser o super-herói que faz tudo, que salva o negócio mês a mês sozinho. Você precisa ser aquele que recruta os melhores heróis para a sua empresa.

É assim também que funciona na sua empresa. Se você contrata um "golfinho" para um cargo que a "vaca" exerceria melhor, ele vai se dar mal, não importa quão bom seja, não importa que nade muito rápido. Da mesma forma, não importa quanto a vaca queira o trabalho, seja simpática ou diga que está tentando, que vai aprender, ela nunca vai nadar como um golfinho. Se ela estiver numa vaga dentro do mar, certamente vai afundar.

QUEM CONTRATOU?

Agora, antes de sair por aí pensando quem na sua empresa é uma "vaca no mar", pergunte-se quem contratou os funcionários. Quem designou um trabalho inadequado para aqueles profissionais? Quem insistiu em mantê-los na vaga, mesmo percebendo que não tinham o perfil ideal para aquele trabalho?

Se um funcionário não tem o perfil para determinado trabalho ou cargo na empresa e você insiste em tê-lo naquela posição, então quem está cometendo o maior erro é você. Se a vaga é para nadar no mar, você deveria ter buscado um golfinho desde o início, devia ter procurado o melhor golfinho dos mares, e nem mesmo ter chamado a vaca para a entrevista.

Analogias à parte, repito que são as pessoas que fazem o negócio – e serão os bons profissionais, no lugar certo, que farão a sua empresa crescer e prosperar. O mundo é feito de pessoas. No fundo, por trás dos números, nomes e burocracias, o mercado é feito de pessoas. As empresas são feitas de colaboradores e o próprio comércio em si é sobre conectar-se com outros indivíduos.

Se você tem um funcionário numa função inadequada, as dificuldades passam a ser de todos. É difícil para ele, que está o tempo inteiro lutando para estar onde não quer, não gosta ou simplesmente não tem aptidão. É difícil para o resto do time, que precisa lidar com as consequências daquela situação. É difícil para você, que precisa o tempo inteiro corrigir ou refazer uma tarefa. E é difícil também para a empresa. Ou seja, todo mundo sai perdendo nessa situação.

NÃO INSISTA NO "SEM JEITO"

Existem algumas contratações que são feitas no calor do momento. Alguém que você conheceu, alguém que foi indicado, que pediu ajuda ou mesmo um familiar. Às vezes, esse alguém não se encaixa na função que havia disponível, e você fica insistindo para ver se consegue aproveitar algo da situação e resolver tudo. A minha sugestão mais sincera é: pare de insistir no que não tem jeito!

Se você aloca no comercial alguém que não tem pegada, não tem ambição, não é bom em relacionamento e não tem carisma, não adianta que nunca vai dar liga. Você pode conversar, mudar a estratégia ou subir a meta, mas não adianta se a pessoa não tem o perfil de vendedor nato. E esse perfil não é algo que possa ser desenvolvido tão simplesmente assim.

Na minha empresa, a equipe já sabe: quando reclamo com um colaborador, isso é sinal claro de que ainda acredito nele e quero contornar a situação; quando eu me calo, é porque não tem mais jeito e já desisti daquela pessoa. É trabalho muito pesado administrar uma vaca no mar. A vaca nasceu para o pasto e o lugar dela não é no mar, ponto. E não importa que o colaborador seja de confiança, que esteja há muito tempo na empresa, seja conhecido – se não dá resultado e não se adapta à função, está no lugar errado.

Para ser bem sincero, sei que não é tão fácil encontrar pessoas no perfil exato das vagas que surgem. Mas é ainda mais difícil conseguir atingir os resultados que deseja com gente que não tem perfil para a função e que acaba atrapalhando toda a estratégia, a operação e o propósito da empresa.

CONVOCANDO A SELEÇÃO

Se você é uma pessoa que, assim como eu, gosta de futebol, sabe que, em época de Copa do Mundo ou de Olimpíadas, a Seleção Brasileira escolhe os melhores jogadores e atletas para defender o nome do Brasil. Você deve convocar sua equipe para o trabalho como se ela fosse a própria Seleção Brasileira em busca de um título ou de uma medalha.

Agora, reflita um pouco: como você convocou seu time? E, o mais importante, você acha que ganharia a Copa do Mundo com os jogadores que tem hoje? Cada mês funciona como um grande campeonato. A sua empresa está sempre competindo com o mercado. Quem você tem na linha de frente, atuando para alavancar as vendas?

Deixe-me contar um segredo que talvez você não saiba: gente boa se paga. Já ouvi muitas reclamações de empresários sobre não poder contratar mais ninguém, não poder procurar um funcionário melhor ou não poder pagar mais para manter um funcionário muito bom porque o dinheiro não dá. Esqueça-se disso. Quando são bons, o profissional e a estratégia se pagam.

> **Deixe-me contar um segredo que talvez você não saiba: gente boa se paga. Quando são bons, o profissional e a estratégia se pagam.**

O problema é que, como muitas vezes você investe num grupo que não tem perfil para estar na sua empresa, os que realmente têm a habilidade necesária, e poderiam estar fazendo muito mais, ficam sem espaço, tempo ou incentivo.

Uma dica que dou é: profissionalize seu processo seletivo. Faça tudo muito bem pensado, estruturado e planejado. Pesquise, faça entrevistas, pergunte, teste. Você aprende a fazer isso estudando gestão; traçando o perfil da área, da função, da vaga; definindo os valores da empresa, criando uma cultura forte, clara e objetiva.

Esqueça-se também daquela antiga história de que no Brasil não tem mão de obra. Esqueça-se de todas as desculpas e argumentos. Faça diferente. Costumo dizer que muitos empresários têm pensamento de escassez: "Não dá, não tem, não consigo, não posso". Já o pensamento de Alta Performance é: "Eu consigo, sim, dá certo, eu encontro uma nova forma, eu vou procurar até conseguir, eu posso, eu quero".

QUANTIDADE OU QUALIDADE?

Nem sempre a quantidade traz mais qualidade, e esse é um equívoco muito comum. Existem empresas que possuem equipes gigantescas, mas com muita gente sobressalente, que não precisaria estar ali.

Um empresário que fez a metodologia inteira comigo, depois de alguns módulos percebeu que tinha alguns colaboradores assim, fora do lugar, e cortou metade da equipe. O que aconteceu? Ele não só manteve alguns resultados de venda e melhorou outros como conseguiu também enxugar a operação e diminuir as despesas.

Tem gente dentro da sua empresa que ocupa espaço, tem gente que dá prejuízo, e é você quem paga essa conta no fim, não se engane. Já encontrei quem dissesse que sabia que o funcionário não era bom para a função, mas argumentava que "Ah, se eu tirar ele, não vou conseguir outro; e é tão difícil encontrar alguém! Então, melhor ficar com ele mesmo, pelo menos é confiável". Não caia nessa. Você tem medo de não encontrar outro trabalhador? Milhares de pessoas estão procurando emprego, certamente uma delas vai se encaixar no perfil que você busca. Demita no dia seguinte, pare de empurrar com a barriga. Sua empresa não vai quebrar porque um funcionário foi demitido – nem a sua nem a de nenhum outro empresário do mundo.

A única pessoa que não pode sair da empresa, de jeito nenhum, é você, o dono. Todo o resto está lá para dar resultado! Se não dá resultado, essa pessoa precisa encontrar outra função ou você precisa encontrar outra pessoa que dê conta. Não é preciso, nem bom, protelar essa decisão.

TEORIA DO INCENTIVO

Jack Welch (1935-2020) foi um dos maiores CEOs de todos os tempos. No livro *Paixão por vencer*,[16] escrito com Suzy Welch, ele fala que em toda empresa tem aquele grupo de colaboradores que são excelentes profissionais, aquele outro grupo que é intermediário e ainda o grupo daqueles com os quais você não pode contar, que são prejuízo. O que acontece é que, comumente, todo mundo é tratado igual dentro da empresa. Minha dica para você é: não faça isso, não trate todo mundo da mesma forma se as pessoas não são iguais.

Esse é o momento em que costumam me perguntar, revoltados, por que não quero tratar todo mundo da mesma maneira. Veja bem, as pessoas são

---

[16] WELCH, J.; WELCH, S. **Paixão por vencer.** São Paulo: HarperCollins Brasil, 2020.

diferentes e possuem resultados distintos dentro da empresa. Tem gente que funciona melhor sob pressão, com o gestor pressionando, enquanto tem gente que funciona melhor com mais autonomia. Tem quem só funciona com mais calma, enquanto tem quem só leva as coisas a sério na base do "pulso firme".

Quando me perguntam como é um bom gestor, respondo sem titubear: é aquele que consegue reconhecer o perfil de cada colaborador, e trata cada um como precisa ser tratado. O bom gestor dá ao funcionário o que ele precisa para entregar o resultado.

Sobre isso, existe a Teoria do Incentivo. Segundo ela, alguns colaboradores precisam de dois tipos de incentivos, que andam juntos. Um que atrai, que premia, que recompensa, que reconhece o mérito – como um bônus, um presente, uma folga, uma viagem etc. E o outro, que não é tão confortável, gera um teor de insegurança necessário para motivar o esforço, caso o incentivo da recompensa não baste. É tipo uma perda – como uma demissão, ou destituição de função, por exemplo.

Na empresa é preciso que exista um alinhamento dos dois tipos de incentivos, porque ambos são motivadores e funcionam em cada colaborador a depender do *mindset* que eles possuem. Por isso, tanto o incentivo de recompensa quanto o do prejuízo devem ser combinados de antemão com a equipe. O equilíbrio é importante, porque o excesso de premiação deixa o time mimado e o excesso de prejuízo deixa o time paralisado.

SE UM NÃO QUER...

... tem quem queira, acredite.

Segundo o Instituto Brasileiro de Geografia e Estatística, o IBGE,[17] o Brasil tem, atualmente, cerca de 14 milhões de desempregados no mercado. E,

---

17 DESEMPREGO. **IBGE – Instituto Brasileiro de Geografia e Estatística**. Disponível em: https://www.ibge.gov.br/explica/desemprego.php. Acesso em: set. 2021.

diante desse cenário, você está deixando sua equipe dominá-lo e dizer o que quer fazer dentro da sua empresa? Você está se tornando refém da sua equipe? Você contrata, paga salários, encargos, benefícios e precisa pedir para o funcionário trabalhar e entregar algum resultado? Isso está errado! A cultura da sua empresa é inegociável e deve ser definida por você ou por você e seus sócios. Não deixe a equipe dominar e tomar todas as decisões.

O bom gestor dá ao funcionário o que ele precisa para entregar o resultado.

Lembre-se de sempre manter o equilíbrio, mas não deixe que o colaborador pinte e borde com a cultura que você estabeleceu. Eu, por exemplo, consigo ser a pessoa mais legal ou a mais chata do mundo, e posso fazer essa mudança em milésimos de segundo. Posso estar comemorando uma conquista do time e parabenizando um colaborador e, num estalar de dedos, ser muito firme por algo que foi feito errado.

Será que minha equipe me odeia? Talvez. Com certeza não sou 100% amado por todos – mesmo que não digam na minha frente. Pode ser que, vez ou outra, falem alguma coisa quando saírem juntos para desopilar, que reclamem de como fui chato ou algo do tipo. Mas tudo bem. Não abri uma empresa para ser amado pelos colaboradores. Abri uma empresa para seguir meu propósito de vida e lucrar com isso. Não vou negligenciar a cultura da minha empresa apenas para ganhar o amor e a admiração do time.

Se, no processo, mais colaboradores gostarem de mim do que desgostarem, ótimo. Que bom! Mas esse não é o meu principal objetivo. Vou buscar afeto com minhas filhas e minha esposa, nos finais de semana, nas viagens de férias, nos momentos de qualidade que passar com minha família, porque eu soube ser um bom gestor – o gestor que a equipe precisava que eu fosse – para que a empresa batesse as metas e alcançasse os objetivos.

No mercado atual existem muitos colaboradores com questões diversas. Você contrata uma pessoa para segurar caixas e outra para segurar garrafas e um dia, por algum motivo, a pessoa das caixas falta. Se você pede para a das garrafas segurar as caixas nesse dia, ela diz não: "Não sou pago para isso. Sou pago só para segurar garrafas, só faço meu papel!". E se você diz que ele precisa segurar as caixas e pronto, mesmo que não queira, é provável que ele se sinta ofendido e saia por aí dizendo que acumulou função ou algo do tipo. Isso acontece em times nos quais os colaboradores estão mais preocupados com o fim do expediente ou com os créditos no vale alimentação do que em realmente executar o trabalho, alcançar as metas ou concretizar o propósito da empresa.

É preciso, então, encontrar formas de otimizar a equipe, ter sempre um time enxuto e polivalente, com pessoas que são muito boas nas suas áreas, mas também capazes de fazer qualquer coisa pela empresa quando for preciso.

O pensamento de Alta Performance é: "Eu consigo, sim, dá certo, eu encontro uma nova forma, eu vou procurar até conseguir, eu posso, eu quero".

CAPÍTULO 11:
Passo 7 – Cultura de resultado

ão existe um "Manual do time perfeito", até porque pessoas normais erram – e essa é uma grande forma de aprendizado. Mas acredito que para você ter uma equipe de alta performance e alto desempenho, precisa de pessoas que vistam a camisa, que sejam engajadas com o objetivo da empresa e que topem tudo. A dica-chave para ter exatamente esse time é comunicar o que você espera de cada um. Comunique para sua equipe a cultura da empresa e se posicione, diga que a cultura é sua, que é você quem define isso e que é preciso segui-la à risca para estar no negócio.

Na minha empresa, tive pessoas que passaram por todo o processo seletivo, eram bons profissionais, entraram na equipe, mas não se adaptaram à nossa cultura e saíram. Já aconteceu de me dizerem: "não quero trabalhar numa empresa com a sua cultura". E eu disse apenas: "ok!". Não adapto a cultura da empresa ao funcionário, ele é quem deve se adaptar. Se isso não acontecer, ele sai e vai em busca de outra empresa, com uma cultura mais parecida com a dele. Em qualquer lugar, há quem vai amar a cultura e quem vai odiá-la. É assim na sua empresa e também em qualquer outra, de qualquer ramo que seja.

Nada é absoluto no mundo. Não existe apenas uma religião, um time de futebol ou um partido político – exatamente porque é normal ser diferente e ter opiniões e gostos diversos. Mas isso não significa que você deve mudar tudo a todo instante, a cada nova pessoa que entra. O seu papel é criar uma cultura forte para sua empresa e encontrar colaboradores que se encaixem no perfil necessário. É dessa maneira que você conseguirá montar o time de que precisa.

Se eu for contratado hoje para trabalhar na Apple, no Itaú ou no Nubank e chegar dizendo: "vou trabalhar do jeito que eu quiser", certamente não consigo completar uma semana em nenhum desses lugares – talvez nem mesmo passe um dia inteiro.

OPORTUNIDADE DE ERRAR

Se alguém lhe disser que tem a empresa perfeita, duvide dessa pessoa e acenda um enorme alerta vermelho. Não existe empresa perfeita. Eu mesmo digo que a minha é cheia de defeitos. A grande questão é que tenho plena ciência dos problemas e defino minhas ações buscando sempre melhorar, tanto como pessoa quanto como empresário. Se não aceito que eu ou minha empresa temos defeitos, será ainda mais difícil contorná-los. Acenda outro grande alerta para a pessoa que disser que é o megaempresário, que tudo o que faz dá certo. Não sou assim nem conheço ninguém que seja – e olha que já conheci muitos empresários, brasileiros e estrangeiros. Se alguém disser para você que é o maior, corra, porque isso é um golpe.

Ter um negócio é escolher estar sempre em movimento, é gerar novos problemas e soluções todos os dias. Posso afirmar para vocês que nunca estou parado.

Certa vez, me perguntaram se eu erro. Sim, erro. E acerto também. Hoje, sei que acerto mais do que erro, mas porque já errei mais do que acertei e pude aprender com essas falhas para não cometê-las novamente. Cada novo erro representa um novo aprendizado e uma nova chance de não insistir no mesmo deslize. Errar em coisas novas é uma oportunidade para aprender mais, descobrir onde eu posso trabalhar para melhorar minha empresa ou a mim mesmo.

CULTURA FORTE

A melhor maneira de engajar o time é criando uma cultura, um propósito comum a todos, dentro do negócio – e não pense que existe um jeito de pular essa obrigação. Toda empresa tem uma cultura, quer ela tenha sido criada e difundida claramente pela gestão ou não. O problema de não criar uma cultura forte é que ela vai surgir sozinha, sem pedir licença. Vai se impregnar na mente dos funcionários – nem sempre da melhor forma – e você não terá nenhum controle sobre ela, mas precisará lidar com todas as consequências que, invariavelmente, vão surgir.

Depois de definir a cultura da empresa, é importante que você a dissemine, que a comunique objetivamente a todos as pessoas que se envolvem com o negócio, sejam colaboradores do setor estratégico, do operacional ou mesmo clientes. Crie os incentivos e acompanhe a repercussão, tenha na empresa um gestor que faça valer a cultura – mas que faça isso trazendo muita clareza para o processo. Imagine que a sua empresa quer vender mais, reduzir despesas e aumentar o lucro, e você quer descentralizar as responsabilidades para ter mais tempo para a família. O que você precisa fazer é compartilhar esse interesse com todas as pessoas da pirâmide hierárquica.

A mudança vem descendo, de cima para baixo – do nível estratégico ao operacional. Esse é o processo. E para que a transformação exista de fato, tudo precisa estar sempre às claras. Limpo, direto e objetivo, sem rodeios e sem margem para interpretações pessoais. O que define a cultura da empresa, no fim das contas, são a missão, a visão e os seus valores no mercado.

MISSÃO DA EMPRESA

A missão expressa o propósito daquele negócio no mundo. É como a principal finalidade da existência daquela empresa. Aquilo que explica os benefícios que ela deseja prestar à sociedade e aos clientes.

> **A melhor maneira de engajar o time é criando uma cultura, um propósito comum a todos, dentro do negócio.**

Invariavelmente, a missão deve responder à pergunta: a empresa está aqui para fazer o quê? E se engana quem responde com um "para me fazer ganhar dinheiro". Não que seja errado pensar nisso, mas, embora todo negócio exista primordialmente com este propósito, o dinheiro não é o meio, e sim o fim do trabalho que a empresa faz pela sociedade.

O dinheiro ganho é a consequência. Para que eu ganhe dinheiro, fique rico, tenha caixa e expanda os negócios, preciso, antes de tudo, servir o meu público – e quando digo isso, me refiro ao público externo, que são os consumidores, mas também ao interno. Muitas vezes você quer apaixonar seu cliente, mas não consegue nem mesmo fazer com que a equipe se apaixone pela sua empresa.

A missão parte sempre do outro, pois não é momento de falar de você. O grande jogo das empresas de sucesso está no outro e não nelas mesmas. Você vai precisar sair do centro do negócio para colocar o cliente nesse lugar. Ao fazer isso, você exerce sua missão e ganha dinheiro no processo.

Veja o exemplo da missão da Disney: "Fazer as pessoas felizes". Olha que exemplo fantástico! Em uma simples e curta frase, a Disney explicou a sua missão, o seu propósito no mundo. E executa essa missão por meio de um parque, de filmes, brinquedos, roupas e acessórios – ganhando muito, muito dinheiro com isso. Mas as pessoas não saem por aí dizendo que a Disney pegou o dinheiro delas, ninguém nem mesmo discute o valor de nada da marca. Isso porque lá é o lugar de ser feliz, de realizar sonhos, de ver a fantasia acontecer.

A Disney percebeu que pessoas felizes são clientes satisfeitos, mais dispostos a pagar por fotos nos brinquedos, entrada nos parques, *souvenirs* nas lojas, *action figures* de personagens de filmes e tantos outros itens. Já visitei a Disney e pude presenciar. De fato, lá dentro, todos estão intimamente ligados à missão que, para eles, não é uma frase pendurada em um quadro na parede. Para eles, ela está no sangue, na veia, na atitude de cada colaborador, que não passa o tempo inteiro fazendo perguntas ao gerente ou questionando se deve ou não fazer algo; ele simplesmente deve fazer as pessoas felizes, é isso que o move e determina cada uma de suas ações.

VISÃO DE FUTURO

Agora que você já determinou quem é, precisa entender para onde vai. Essa é a visão de futuro da empresa, é a explicitação do que você visualiza no horizonte para sua empresa ou carreira. É aquilo que você deseja alcançar por meio da missão.

Pense na visão como a situação desejada para a empresa, a definição de "o que você quer ser", "onde quer chegar" e "o que busca construir em determinado espaço de tempo". Uma boa visão motiva, inspira, é forte e caminha em direção à grandeza. Ela é clara, concreta e tangível, não é algo exagerado ou fantasioso, é simples e fácil de comunicar. A visão se adapta aos valores mais importantes da empresa e pretende situar onde o negócio vai se encaixar no futuro.

Precisamos entender que o nosso sucesso vindouro será consequência da visão que temos hoje desse futuro. Então, minha dica é: sonhe – e sonhe grande! Suba a régua do sonho. Só não se esqueça de que visão sem ação nunca deixa de ser só sonho. Já ação sem visão é só esperar o passar do tempo. Se você combina as duas coisas, se tem uma visão de futuro alinhada às ações do dia a dia, você pode mudar o mundo.

VALORES INEGOCIÁVEIS

Os valores da empresa são como uma lista de comportamentos que a empresa teria caso fosse uma pessoa. É como um manual de boa conduta dos funcionários, os valores pessoais que devem pautar os colaboradores daquela empresa.

Os valores devem estar sempre alinhados à missão e à visão de futuro da empresa e devem ser definidos pelos donos, que precisam pensar no cliente e nos próprios valores pessoais. O que, para você, é inegociável e imprescindível que um colaborador tenha ou desenvolva como característica pessoal para trabalhar na sua empresa? O que um cliente pode sempre esperar dos seus colaboradores? Qual é o melhor comportamento para um colaborador da sua empresa?

Esses valores devem ser inegociáveis. Toda a equipe deve não apenas conhecê-los de cor, mas praticá-los diariamente. Cada colaborador deve ser como um modelo de conduta do que a empresa representa. Quando você possui missão, visão e valores alinhados e os comunica de maneira clara, periodicamente, a todos os colaboradores, está construindo um ambiente de cultura forte.

O SEGREDO É CONFIAR

Um time com cultura forte, em que todos trabalham voltados para um objetivo em comum, é um time em que você deve confiar.

Se me perguntam se sempre confio no meu time, respondo que sim, sempre. Isso não quer dizer que tudo sempre dê certo. Às vezes, o time falha. Mas prefiro um time que falha e logo corrige o erro do que um time que não falha porque nem mesmo tentou. Então, prefiro ter pessoas em quem confiar.

Se tenho uma equipe e não confio nos profissionais, por que eles ainda estão ali? Sou o tipo de gestor que desafia as pessoas com metas agressivas, e por isso preciso diariamente monitorar o andamento dessas metas, preciso reconhecer e comemorar as conquistas constantemente. É óbvio que preciso comemorar. Para ter um processo de meritocracia bem feito em um time de alta performance, é preciso engajar, detalhar, confiar, monitorar, reconhecer e comemorar. Porque é assim que o funcionário vai se sentir incentivado a fazer sempre mais, a aceitar metas e desafios cada vez maiores e buscar cumpri-los a qualquer custo.

TIME QUE VESTE A CAMISA

O seu time veste a camisa da empresa e seria capaz até mesmo de passar momentos "constrangedores" pela oportunidade de ver o negócio crescer?

Certa vez, assisti a um vídeo em que um time de futebol estrangeiro parou para fazer um super grito de guerra antes de o jogo começar. Os jogadores pareciam gladiadores, gritando no gramado, batendo no peito e chamando o outro time "para o combate". Em um treinamento dentro de uma empresa que faz consultoria comigo, mostrei esse vídeo e o dono logo comentou: "Mas isso é futebol, não faz sentido dentro de uma empresa, não ia funcionar".

De fato, no Brasil, funcionários ouvem a música do programa de domingo na televisão já maldizendo a segunda-feira de trabalho, e acordam na sexta-feira comemorando porque não existe trabalho no fim de semana, que é um momento de descanso, de diversão. Nós, empresários, somos os educadores dentro da empresa. Então precisamos mudar essa mentalidade de que trabalhar é um grande sofrimento, a fim de engajar nossos colaboradores.

Ainda sobre o vídeo dos jogadores de futebol, há alguns anos consegui provar para esse empresário que o grito de guerra poderia sair dos campos de futebol e entrar numa empresa. Quando eu era gerente e tinha duas equipes pequenas, uma de cada loja, reuni os times e pedi para que cada um fizesse um grito de guerra, como se uma loja fosse competir contra a outra. Eles fizeram, mas, sinceramente, foi uma experiência horrível! Pareciam uns zumbis cantando sem sincronia, quase obrigados. Ao término da dinâmica, falei: "Nossa, gente, que legal! Mas, da próxima vez, vamos tentar fazer algo melhor?". Na outra semana, um dos times trouxe uma bandeira, outro trouxe um vídeo, depois uma música, uma vez fizeram uma paródia. Enquanto isso, a empresa ia crescendo, o faturamento das lojas foi aumentando, e a competição informal se transformou em um grande evento esperado por toda a equipe.

De repente, estávamos fazendo um show de música e dança, com setores que competiam uns contra os outros, em um auditório lotado às seis da manhã de um sábado, com a equipe toda presente, em peso, com fantasias personalizadas, uma superprodução. E tudo isso sem eu pagar um centavo a ninguém, nem pela presença, nem pela produção do show. Nós chamávamos esse evento de *Topshow*.

E o que os colaboradores ganhavam com isso? Diversão, um dia de brincadeira, a chance de ver os gestores dançarem, a competitividade com os colegas, a possibilidade de extravasar o estresse e um troféu ocasional. Foi aí que entendi que as pessoas gostam de dinheiro, mas gostam também de brincar, rir e se divertir, gostam de ver o chefe ali, passando vergonha. Para eles, isso era tão importante quanto qualquer bônus ou benefício que pudéssemos dar.

O *Topshow* durou sete anos e saiu na revista *Exame* como um *case* de sucesso de engajamento de equipe.

ESQUEÇA-SE DO MÊS "RUIM"

Há alguns meses do ano que são conhecidos por serem ruins para um ou outro nicho de mercado. Mas, ao entrar em um desses "meses ruins", tome cuidado. Se você sai pela empresa ou pela loja dizendo "esse mês vai ser horrível", "fevereiro é sempre péssimo", "março é um problema", você já está declarando para a equipe que vai ser ruim, não importa o que eles façam. Então, qual é o sentido de se esforçar ao máximo para, no fim, não conseguir alcançar as metas?

Na loja em que eu era gestor, fevereiro era conhecido como um desses meses ruins, de vendas baixas, de poucos clientes na loja. Uma vez, antes de o mês começar, disse para a equipe de vendas: "Pessoal, o mês normalmente é fraco, mas, sabendo disso, vamos torná-lo

Então precisamos mudar essa mentalidade de que trabalhar é um grande sofrimento, a fim de engajar nossos colaboradores.

bom? Esse mês, vou subir a meta em 40%. Mas, se vocês baterem a meta comum do mês, faço um show de malabarismo para vocês". Naquele dia, eu estava fazendo uma reunião para setecentas pessoas e a equipe toda começou a gritar de empolgação. Percebi a alegria, aproveitei e deixei a brincadeira tomar conta. O pessoal começou a dar sugestões para atingir o objetivo e pensei comigo: *Bingo! Eles não estão mais nem olhando para a o tamanho da meta, só querem saber da vergonha que vou passar.*

Em geral, fevereiro era um mês cuja meta comum nunca batíamos – e eu ainda a tinha subido em 40% com a promessa de que, se eles a alcançassem, eu dançaria balé, vestindo um collant de bailarina, na vitrine da loja do shopping.

Imaginei que eles dariam tudo de si para cumprir, considerando que a probabilidade não ajudaria. Porém eu não contava que fossem realmente conseguir bater tudo. Naquela ocasião, a equipe não apenas chegou à meta estipulada, como ultrapassou, atingindo 100,2%. Durante o mês inteiro recebi mensagens do tipo: "Já comprou a roupa? Tá ensaiando?", e a empolgação para vender foi alta durante o mês inteiro! Quando chegou o bendito dia de avaliar a meta, não pude ignorar o feito do time. Então, fiz o show como combinado, de collant, e esse evento foi gravado para a posteridade.

"Mas, Marcos, isso é ridículo", você pode me dizer. Sim, é mesmo, não nego. Mas um mês cuja meta normalmente não conseguíamos bater, a equipe ultrapassou um objetivo que eu tinha colocado lá em cima. Aquela era uma equipe absolutamente engajada. Foi quase um recorde e ainda em um tal de "mês ruim". Se o empresário não consegue fazer o time nem mesmo rir e brincar, como vai conseguir que ele faça algo sério, como bater uma meta acrescida em 40%?

"MAS NA MINHA..."

Logo que o meu *case* de engajamento saiu na revista, me disseram: "Fazer na sua empresa é fácil, quero ver fazer com a dos seus clientes!". Aceitei o desafio e montei, dentro de um dos programas da metodologia Alta Performance, um exercício em que o time do meu cliente cria a música da empresa, o grito de guerra e grava um videoclipe. Se você está agora pensando que "isso é maior besteira", significa apenas que sua empresa é chata. Ou que seu time nunca seria do tipo que vestiria a camisa a ponto de topar essa brincadeira.

Uma pizzaria em Fortaleza que participou da metodologia comigo fez um videoclipe muito bom durante o programa e, depois, o soltou na internet. Ele viralizou e as vendas dobraram, pois o time conseguiu humanizar a empresa e ganhar a empatia do público. As pessoas gostam de ver a parte humana das empresas, não só o lado frio da venda de produtos.

EQUILÍBRIO É TUDO

Pode ser que você esteja achando essa estratégia estranha. Veja que comentei anteriormente sobre a necessidade do equilíbrio na gestão. Você deve, sim, ter um alto nível de cobrança, insistir numa cultura voltada a resultados e querer que os colaboradores deem o melhor de si e atinjam os objetivos; mas é preciso também entender o ser humano que está ali, entender a pessoa que faz o trabalho.

Isso não significa aceitar qualquer justificativa ou melindre de um colaborador. Não estou falando disso. Mas você precisa buscar, nos meios disponíveis, um ambiente positivo e sadio para a sua empresa. Entender quando o colaborador estiver doente ou precisar de ajuda, quando uma colaboradora engravidar e precisar se ausentar mais. É preciso enxergar os seres humanos ali e as necessidades individuais que podem aparecer na vida de qualquer um! Aliás, estes são direitos trabalhistas, e nós, empresários, precisamos sempre respeitar e incentivar esse respeito em nossas empresas.

Já mencionei o ponto principal que une tudo isso: confie no seu time. Incentive o erro para chegar ao acerto, passe tarefas, acredite que o colaborador vai conseguir, mesmo que, no fundo, você considere que ele ainda não tem segurança para tanto. A experiência vai fazê-lo aprender com os próprios deslizes. Incentive o erro porque time que não erra é aquele que não tenta! Você não deve ter um time sempre parado, com medo de falhar. Então, distribua tarefas, crie novos desafios e estimule os erros.

TE VIRA!

Tem uma frase que falo muito para minha equipe: "Te vira!". Isso nada mais é do que um incentivo. Quando algum funcionário me liga querendo que eu resolva alguma coisa ou pedindo algo, digo: "Te vira! Faça! Faça e me mostre!".

Diferentemente de muitos empresários em atividade hoje, eu não quero saber de tudo que acontece dentro da minha empresa! Não quero, não devo, nem tenho tempo para isso. Tudo é coisa demais e tenho uma equipe exatamente para lidar com esse tudo.

Você é um só e não tem como controlar tudo. Nem queira, porque é desnecessário. Queira saber apenas do que é relevante e importante que você saiba. Todo o resto, delegue e confie que sua equipe vai resolver na sua ausência. Um time engajado gosta de ser desafiado.

ACOMPANHE O ENGAJAMENTO

Também por isso, crie metas desafiadoras e as aumente gradativamente, mostrando que você acredita que o time pode cumprir o desafio. Todos os dias, envie a performance da empresa para a sua equipe. Acompanhe cada setor e, quando as metas forem alcançadas, recompense. Dê aos colaboradores o que eles desejam, seja bônus em dinheiro, presentes, viagens, folga. Basta combinar com eles.

Aliás, há pessoas para quem reconhecimento material não é o mais importante. Existem profissionais que funcionam melhor com o reconhecimento social. Então, quando necessário, abrace, elogie, olhe nos olhos e diga que ele ou ela é importante para a empresa. Traga as pessoas para o seu lado, de verdade. Esse é um exercício desafiador para nós, empresários – e para mim, particularmente, é um ponto em que preciso trabalhar constantemente, lembrando-me sempre de reconhecer os feitos da minha equipe.

Nós, empresários, costumamos ser muito críticos – é tipo um defeito de fabricação com que nascemos. O "chefe" já entra na empresa reclamando, criticando, procurando o que dizer. Isso é comum, eu sei. Então, vamos começar também a fazer um esforço para ver o outro lado, enxergar as coisas boas, as pequenas mudanças que a equipe promoveu e que melhoraram o negócio.

Reserve um momento para reconhecimento das pessoas na sua empresa, de elogio e de celebração de coisas boas. Por mais que pareça clichê, a equipe que se sente reconhecida, e sabe que o seu trabalho é visto e apreciado, trabalha mais feliz, mais engajada e mais preocupada com o propósito da empresa e os resultados do negócio.

Depois de definir a cultura da empresa, é importante que você a dissemine, que a comunique objetivamente a todos as pessoas que se envolvem com o negócio, sejam colaboradores do setor estratégico, do operacional ou mesmo clientes.

CAPÍTULO 12:
Passo 8 – Cuide do chefe

stamos vivendo hoje uma imensa transformação nos hábitos de consumo. Muitos de nós, empresários, nascemos no mundo analógico e precisamos agora trabalhar no digital. Eu, por exemplo, nasci num mundo em que existia vinil, toca-fitas e telefone fixo, mas as novas gerações já nascem sabendo mexer nos celulares *touch screen* e aprendem a navegar na internet antes mesmo de saber ler ou escrever.

Minhas filhas têm, respectivamente, 17 e 9 anos. Quando uma delas me pede alguma coisa que precisa comprar, pergunto logo quando podemos ir ao shopping. Ela só ri e responde: "Não, pai! Me dá o cartão que eu compro e essa semana mesmo chega aqui em casa".

Quando eu tinha a idade delas, esse tipo de coisa era simplesmente impossível! Mesmo depois de adulto, fazer compras on-line gerava desconfiança e não era todo mundo que podia fazer isso em qualquer site. Agora, de vez em quando chega uma encomenda aqui em casa e, quando vou ver, pode ser algo que veio da China ou dos EUA. As meninas mesmo abrem um aplicativo, cada uma no seu celular, escolhem os produtos, passam o cartão e a encomenda chega até elas.

Na minha época, eu nunca poderia imaginar algo assim. Quando vou pensar no meu negócio, porém, preciso estar atento e com o olhar de empresário digital ativado, deixando de lado o olhar de empresário analógico.

VOCÊ VAI ATÉ O CLIENTE?

Quando falo sobre ser digital, estou falando sobre estar nas redes sociais do momento – Facebook, Instagram, LinkedIn, TikTok –, mas não somente. Falo também sobre você trazer o seu mundo para o meio digital, o que inclui os controles da operação, a forma de planejar, executar ou coordenar a equipe.

Nem sempre o digital precisa ser o produto final; ele pode ser o meio, pode facilitar a venda, o contato com o cliente, entre muitas outras coisas. O mundo está mudando em alta velocidade, e as empresas que mais prosperam nesse momento são exatamente as que se utilizam de todo o potencial do digital para chegar até os clientes.

Se você prestar atenção às maiores empresas da atualidade, vai notar muitos pontos em comum: o YouTube e a TV aberta, a Netflix e as locadoras, o serviço de delivery de restaurantes e o iFood, o Spotify e as gravadoras, a Uber e os serviços locais de táxi.

A grande diferença dessas empresas on-line para os serviços antigos é que, além de modernizar e digitalizar o processo, elas foram até o cliente. E chegaram tão perto que agora os consumidores andam com elas dentro do bolso, para onde forem. Mesmo que nenhuma tenha *copiado* as empresas das quais "surgiram", todas aprimoraram o serviço já existente.

Todas também se importam muito com o atendimento e estão constantemente perguntando ao cliente o que ele achou da experiência proporcionada. São empresas que se preocupam em níveis extremos com a opinião do consumidor: se ele gostou, do que mais gostou, do que não gostou, o que poderia melhorar e como. Essas empresas obtêm do cliente as informações sobre o que precisam mudar na sua operação da forma mais simples possível: perguntando.

FOCO NO CONSUMIDOR

Ah, mas e se você não tem um serviço que pode fazer isso? E se você tem uma farmácia, uma construtora, uma indústria, uma distribuidora, por exemplo? Esqueça-se dessas justificativas, pois todo mundo pode se modernizar. A tecnologia não precisa ser o fim, lembra? Ela pode ser apenas o meio. As farmácias deram um jeito de participar dos aplicativos de delivery, assim como qualquer outro nicho pode pensar na sua forma de ir até o cliente, se diferenciar do restante do mercado e manter o foco na satisfação do consumidor.

Uma coisa que percebi durante minhas visitas anuais ao Vale do Silício – conhecido como berço da tecnologia, da inovação e do empreendedorismo – foi que as maiores empresas têm o foco total no seu consumidor. Elas pararam de vender o que queriam e começaram a buscar entender o que os clientes estavam precisando e desejando. Começaram a tentar resolver os problemas dos seus públicos, em vez de apenas vender bens ou serviços.

O iFood, por exemplo, conseguiu solucionar ao mesmo tempo dois problemas: o dos restaurantes, que precisavam fazer entregas e não tinham como contratar entregadores próprios; e o do cliente, que queria pedir a comida sem sair de casa e escolher à vontade, mexendo no cardápio ele mesmo, sem ligar para os estabelecimentos. O serviço que o iFood presta resolveu tudo isso. A melhor forma de se diferenciar no mercado é realmente se preocupando em resolver uma dor do cliente.

Outra coisa importante que aprendi: estar ativo e constantemente presente com o cliente. A operação só cresce se mais e mais pessoas consumirem. Os clientes que ficam satisfeitos voltam sempre e indicam, mas os clientes que ficam insatisfeitos tendem a não querer fazer outro negócio e ainda a falar mal do estabelecimento.

Quando pergunto ao cliente o que ele achou de cada atendimento, se ficou satisfeito ou, caso não tenha gostado, se há algo que eu possa fazer para melhorar, essa atenção pode acabar fazendo-o enxergar um eventual problema como um fato isolado, e entender que a empresa tem genuíno interesse em reparar o erro – e que mudará o que for preciso para melhorar. Assim, esse cliente se sente mais seguro em voltar, mesmo que o primeiro atendimento não tenha sido tão bom.

TIPOS DE CLIENTE

Existem, basicamente, quatro tipos de transações comerciais no mundo dos negócios. São elas: B2C, da empresa para o cliente, é o CNPJ que vende diretamente para a pessoa física; B2B, de empresa para empresa; C2C, de pessoa física para pessoa física; e, por último, de empresa para governo.

Esse é o momento em que peço a você que pare um instante e observe. Pense em quem tem o potencial de compra o seu produto ou serviço. Agora é a hora de você fazer uma listinha e responder para si mesmo:

- *Será que o governo pode comprar de mim? Sim ou não?*
- *Será que outras empresas podem comprar de mim?*
- *Será que posso segmentar em empresas de grande e médio porte?*
- *Quais outros mercados além do meu podem comprar o meu produto?*
- *Será que só a pessoa física compra meu produto?*
- *Será que alguém teria vontade ou habilidade para revender o meu produto?*

É importante abrir a cabeça e pensar nos possíveis cenários: será que existem novos segmentos para eu oferecer o meu produto?

Caso sua resposta seja sim, uma dica que dou é: ao abrir canais de venda para novos segmentos, não cometa o erro de pegar o mesmo vendedor de outros canais e jogá-lo de paraquedas em um novo segmento ou estilo de negócio.

Esse é um erro comum em muitas empresas. A pessoa vende canetas, por exemplo, no varejo. Mas decide abrir um canal de vendas empresarial e quer que o mesmo colaborador que vende canetas para pessoas físicas faça transações também para as pessoas jurídicas. Não pode!

> *Outra coisa importante que aprendi: estar ativo e constantemente presente com o cliente. A operação só cresce se mais e mais pessoas consumirem.*

Você precisa ter uma operação para o varejo e outra totalmente diferente para o coorporativo. Primeiro, porque a pessoa que atende a todos os públicos pode acabar sem foco e perdendo vendas em todas as frentes. Segundo, porque o estilo de compra da pessoa física é completamente diferente do estilo de compra da pessoa jurídica! Quem está acostumado a vender para cliente final lida com compras de impulso, de pequenos valores, e aproveita um momento. A venda para uma pessoa jurídica geralmente é mais calculada, mais negociada, fechada com pedidos altos e sem impulso, muito racionalizada. Dificilmente uma empresa compra um produto sem planejamento ou somente porque está em promoção.

RESOLVA AS DORES DO CLIENTE

Você talvez já tenha percebido que meu foco neste capítulo é o cliente, o verdadeiro chefe do negócio, por isso o título "Cuide do chefe". Dito isso, afirmo que um dos maiores erros das empresas é colocar os próprios interesses na frente dos do cliente. Antes de qualquer coisa, sempre pense em como resolver os problemas do seu consumidor. Depois, pergunte-se: o que eu tenho feito para encantar meu comprador?

Crio conteúdo para acelerar empresas, faço eventos, tenho minha metodologia e dou cursos, palestras e treinamentos para empresários. Durante a pandemia, tudo estava funcionando exclusivamente de modo on-line. Eu poderia ter gravado cada curso e simplesmente subido para uma plataforma. Então eu ficaria em casa todos os dias, tomando uma cerveja, comendo meu camarão e esperando o curso vender.

Mas vamos concordar que um curso on-line tem todo o potencial para ser maçante. Num curso on-line gravado, os meus clientes não teriam a mesma experiência de um curso presencial, muito menos sem a minha presença real, ao vivo. Portanto, segui os protocolos indicados pela Organização Mundial da Saúde para a pandemia e fiz questão de estar presente em cada um dos cursos e treinamentos.

A diferença entre o formato ao vivo e o formato gravado foi notória para os clientes. Sei que é muito mais fácil gravar uma única vez, mas também sei que não é a mesma coisa, que a energia não é a mesma, que a experiência do meu consumidor não é igual. Assim como o formato presencial oferece outro tipo de experiência! Isso é pensar no consumidor como o centro do negócio, é se preocupar com o encantamento, com a melhor entrega possível. Fazer tudo de maneira que o cliente seja o maior beneficiado.

O conceito principal é esse: faça para o cliente, não para você nem da forma que seria mais fácil para a empresa. Dessa maneira, você vai ganhar muito dinheiro, porque as pessoas não vão nem mesmo questionar o seu preço, pois você vai transmitir valor para seu público.

Se o seu cliente está na internet hoje, vá para lá. E nem sempre isso significa só ter um site ou perfil em rede social. É preciso marcar presença. Se você tem varejo de joias, por exemplo, dê ao seu público dicas sobre como combinar as joias com a roupa ou com a ocasião. Se vende imóveis, dê dicas sobre os melhores imóveis em cada bairro da região. Se tem um mercadinho,

Antes de qualquer coisa, sempre pense em como resolver os problemas do seu consumidor. Depois, pergunte-se: o que eu tenho feito para encantar meu comprador?

oferença dicas sobre as frutas da estação ou destaque uma funcionária para passar o dia mostrando as novidades e os melhores preços, pois assim você humaniza a empresa.

A CARA DO NEGÓCIO

Uma dica que sempre dou aos meus clientes é: dê uma cara para a empresa. Antigamente, empresas eram reconhecidas primordialmente por suas fachadas. Hoje, isso não existe mais. A empresa não é mais apenas uma marca, um logotipo ou um endereço físico. Ela agora é uma ideia, um propósito. A sua empresa é formada por pessoas que estão trabalhando para se conectar com outros indivíduos.

Uma empresa em São Luís, no Maranhão, aplicou a metodologia Alta Performance e colocou uma das colaboradoras para ser a cara da empresa na internet. Ela passa o dia todo dando dicas, interagindo nas redes sociais, postando vídeos e conversando com clientes e outros colaboradores. Ela se tornou uma personagem da empresa! O projeto está crescendo cada vez mais e hoje ela é praticamente uma celebridade na região.

Com essa estratégia, o empresário conseguiu humanizar seu negócio por meio de uma funcionária que já estava na empresa, que era carismática e topou o desafio. É isso que significa "ir para a internet". Não apenas cair de paraquedas naquele ambiente virtual, sem saber o que fazer. É preciso estratégia, reflexão, cálculo, planejamento e objetivos claros.

Saber onde o cliente busca o produto e como ele faz isso é uma das maiores sacadas da venda. A outra é não querer vender – acredite. Sim, é isso mesmo que você leu. A melhor estratégia de venda é não querer vender.

Quando você quer muito vender, acaba colocando sua vontade na frente da do cliente – e ele invariavelmente perceberá isso e deixará de confiar em você.

É claro que estou aqui para fazer negócio, assim como você quer vender para o seu cliente, mas a venda deve ser uma consequência. Seu cliente chegou até você com um problema e você encontrou a melhor solução para ele. Então, ele vai comprar porque você o ajudou, porque mostrou o melhor caminho para ele.

ENTREGUE A MAIS

Uma boa dica de venda é fazer o cliente sentir que está levando muito mais do que de costume, independentemente dos valores pagos. Veja bem: o restaurante Coco Bambu, já citado, é conhecido por ter pratos grandes, bem-servidos. Quando alguém sugere uma ida a esse restaurante, diz "Vamos ao Coco Bambu, o prato de lá dá para cinco pessoas!". Esse é um exemplo clássico do entregar a mais.

Realmente, os pratos do Coco Bambu servem muitas pessoas, mas a sensação de estar pagando menos por conta disso é falsa, porque o valor unitário do prato lá é bem mais alto que em outros restaurantes onde o prato serve uma ou duas pessoas apenas. O que acontece então? A conta do Coco Bambu dá os mesmos 500 reais do restaurante vizinho, mas o cliente fica satisfeito, não acha ruim. Ele teve a sensação de que pediu apenas um prato e todo mundo pôde comer junto, sem precisar escolher várias coisas – e nisso o Coco Bambu sai ganhando.

Tive alguns clientes da metodologia Alta Performance que entenderam esse conceito e o reproduziram, cada um no seu segmento. Uma empresária tinha uma loja de joias no shopping e pagava cerca de 20 mil reais entre aluguel e condomínio, fora o que investia em decoração e funcionários, por exemplo. Depois de participar do Alta Performance nos Negócios (o APN), ela fechou a loja, alugou uma sala comercial, investiu nisso metade do dinheiro que ela investia na operação da shopping e deslocou a outra metade para as redes sociais, fazendo publicidade paga no Instagram e outras ações do gênero. Hoje, ela vende menos do que vendia na loja, mas tem quatro vezes mais lucro do que antes porque conseguiu aumentar o ticket médio. Ela parou de esperar o cliente entrar e passou a ir até onde ele estava.

Outra empresária veio para o mesmo curso, o APN, pensando em abrir uma loja, mas saiu decidida a não fazer isso porque tinha, até então, um serviço *premium*, VIP, que ia até o cliente pessoalmente. Ela entendeu que, deixando esse formato, entraria na briga do mercado convencional e perderia o seu diferencial.

A questão é fazer o cliente perceber que está levando mais e não vincular isso unicamente ao preço do produto ou serviço. Depois da compra, o consumidor precisa sair pensando: *eu paguei isso, mas valeu a pena*.

Nem sempre o seu cliente está atrás do preço mais baixo – embora esse perfil também exista. Mas será que esse cliente é o seu público? Muitas das vezes, a pessoa está sim disposta a pagar mais caro, caso perceba que vai receber mais, que vai participar de uma experiência diferenciada, que vai ter um ambiente mais confortável, um visual novo. Você até não está errado em pensar que o cliente só olha para o preço, mas certamente está se arriscando.

Pergunte-se a todo instante: o que posso entregar a mais para o meu cliente? Como posso fazer para que a experiência dele na minha empresa seja cada vez melhor?

VENDER MAIS PARA O MESMO

Parece a mesma coisa, mas não é. Uma coisa é vender a mais para o cliente, outra é vender mais para o mesmo cliente.

Durante a minha jornada empresarial, aprendi que existem apenas duas formas de uma empresa lucrar mais: vender para novos clientes ou vender mais para o mesmo cliente. Agora, pense consigo, qual das duas é mais "fácil"?

É mais fácil você vender algo para um cliente novo, que não conhece a empresa, nem o vendedor, nem o produto, e precisa ser encantado desde o início, precisa ganhar confiança, testar, acreditar na qualidade? Ou é mais fácil vender novos produtos e serviços para o cliente antigo, que você já conhece, que já confia na empresa, já testou, já comprou e usou o seu produto e conhece a qualidade? No segundo caso, você só precisa ir até ele.

> *Tenha certeza de que, em cada nicho, vai existir uma situação e uma oportunidade de vender mais para o mesmo cliente.*

E o que significa vender mais para o mesmo cliente? Bem, digamos que você tem uma loja de moda fitness. Será que você não poderia entrar também no mundo da moda de praia? Será que não combina? Será que uma loja de sapatos não consegue incluir meias no mix de produtos oferecidos? Não seria bom para uma loja de calças ter também cintos, carteiras e todos os acessórios afins? Assim como a loja que vende impressoras deve ter o papel e a tinta ali ao lado. Ou como um supermercado que já monta uma estação com comidas prontas para o café da manhã ou almoço do cliente que foi fazer compras. Entende o que quero dizer?

Venda mais para o cliente que já conhece você. Até mesmo no momento da compra. Ofereça ao cliente algo de que ele pode precisar ao adquirir o seu produto ou serviço. É comum que as lojas que vendem celulares tenham uma estante com carregadores, fones de ouvido, capinhas e películas, pois quem compra o celular, geralmente, compra esses itens no pacote. Então, por que dar essa venda a outra empresa, se você pode lucrar nisso também? O cliente já comprou o celular com você, que é, na teoria, o mais complicado, o item mais caro. Talvez ele prefira adquirir tudo na mesma loja, se encontrar ali um funcionário para montar esse kit e fazer com que ele saia do estabelecimento com o celular funcionando e com todos os acessórios ao seu gosto. Esse cliente já compraria esses itens de qualquer forma, a diferença é que seria em outra loja, mas você pode oferecer tudo isso a ele na sua.

Se você tem um salão de beleza, por que não vender os mesmos produtos que usa na cliente, como varejo, para que ela possa dar continuidade ao tratamento em casa? A maquiadora também deveria ter os batons que usa na loja disponíveis para a venda, caso a cliente goste da cor ou queira retocar a maquiagem. Assim como a barbearia pode incluir alguma coisa para entreter os clientes enquanto esperam sua vez e fazer da loja um lugar de encontro com os amigos – até porque, usualmente, uma espera dessas é uma experiência chata.

Tenha certeza de que, em cada nicho, existe uma situação e uma oportunidade de vender mais para o mesmo cliente. Independentemente de qual seja o seu segmento, você precisa pensar sobre o que pode vender a mais para o seu cliente. Ponha a cabeça para funcionar, traga a equipe para pensar com você, faça pesquisa com os clientes e não fique esperando a solução para os seus problemas cair do céu, como milagre. Corra atrás! Geralmente, o empresário de sucesso é o inconformado, aquele que não para de buscar melhorias e tem coragem para crescer sempre.

E não se esqueça: cuide do chefe, do seu cliente.

Geralmente, o empresário de sucesso é o inconformado, aquele que não para de buscar melhorias e tem coragem para crescer sempre.

CAPÍTULO 13:
Passo 9 – Aumentando o ritmo

e você acha que sua empresa está num bom momento e que essa é a hora de crescer, siga duas dicas: aumente o ritmo e organize-se. Talvez você ainda não tenha a completa noção de como é crescer nos negócios, então, deixe eu contar uma coisa: tudo acontece muito rapidamente.

Conheço casos de empresários que expandiram seus negócios, mas não estavam preparados para a velocidade e a dimensão que a coisa tomaria e acabaram se desorganizando na entrega final. Uma situação assim prejudica sua imagem junto ao cliente, que percebe essa bagunça e pode não voltar mais. Então, para dar conta do recado, a primeira coisa a fazer é se preparar.

Já vi empresas que começaram a crescer organicamente e foram seduzidas pelo "canto da sereia". O crescimento do negócio é muito atrativo! Dá um tesão enorme ao empresário, porque crescer é bom, é ótimo, é o reconhecimento máximo dos esforços. A adrenalina do novo, da expansão, de contratar gente nova é muito boa. Mas, se não estiver atento, não se planejar e não se organizar, você vai crescer de maneira indisciplinada e começará a negar os riscos. Se negar os riscos, eles podem aumentar sem que você se dê conta. E quanto mais alto o penhasco, maior e mais dolorosa é a queda.

É geralmente nesse momento, depois de um crescimento desordenado e uma queda iminente, que os empresários buscam ajuda emergencial. Não espere chegar a esse cenário de urgência e peça ajuda antes. Se você está com dificuldades no crescimento, procure auxílio antes mesmo de expandir. Muitas vezes o empresário expande o negócio sem ordem alguma, com a operação bagunçada, uma equipe sem cultura, um gestor que não cobra, colaboradores sem dar resultado, caixa desorganizado... e em um momento assim não tem mais jeito. A coisa já está numa dimensão quase impossível de corrigir.

MELHOR RAZÃO QUE CORAÇÃO

Embora eu acredite que o empresário precise ter paixão pelo que faz, é necessário também deixar o coração de lado e seguir muito mais a razão para administrar a empresa e conseguir fazê-la avançar.

Assisti à quebra de inúmeras operações muito boas que cresceram desordenadamente – cresceram demais e ultrapassaram os limites do próprio conhecimento. É preciso ter cuidado com isso e saber muito bem para onde está indo o seu mercado.

Na grande maioria das vezes, o que quebra uma empresa não é a crise econômica, a pandemia ou qualquer outro fator externo. O que vejo que mais quebra empresas hoje no Brasil é a falta de conhecimento e de planejamento, a locação cara e o ponto ruim, o estoque mal gerido, a ausência de inovação, o caixa parado, a falta de controle das despesas, a ausência de capital de giro, a informalidade, uma equipe sem comprometimento, o desprezo pelas mudanças no mercado.

A maneira como a sua empresa se mostra para o mercado é o reflexo do que ela é por dentro. Tudo de ruim que ela mostra para o mercado é reflexo da operação. Se sua empresa vai mal, os números estão refletindo o que você está fazendo. Números, diferentemente das pessoas, não têm sentimentos. Números não mentem, não estão preocupados em agradar e não competem com você. Um empresário trabalha diretamente com números, por isso digo que ele não pode ter coração em determinados momentos. Ele precisa de cérebro, precisa tomar decisões bem pensadas, calculadas, cirúrgica e milimetricamente planejadas; precisa elaborar cenários, pesar os riscos e as oportunidades. Portanto, uma decisão não pode envolver emoção.

Se eu for um empresário muito sentimental, posso cair no erro de manter um produto que não vende só porque gosto muito dele e tenho apego, porque foi o produto que começou minha empresa ou foi idealizado pelo meu pai, por exemplo. Ou vou insistir em manter um funcionário na folha de pagamento só porque gosto dele, considero-o uma boa pessoa, mesmo que ele não entregue resultado há muitos meses.

Minha sugestão para isso? Guarde esse seu lado sentimental para seu marido, esposa, filhos, pais; guarde para sua vida pessoal. Deixe o seu coração para eles, para a hora do lazer, do descanso, da folga. Deixe em casa, não o traga para empresa. O seu negócio não precisa do seu coração. Precisa de razão, números, relatórios, planejamentos, estudos e análises.

ESTADO ATUAL × ESTADO DESEJADO

Nesse exato momento, a sua empresa representa a soma de tudo o que você fez nela e por ela até então e também tudo o que você não fez. Hoje, tudo o que você fez de certo e de errado está na conta bancária da empresa. Esse é o estado atual, o presente, o hoje da sua empresa. O estado atual é sempre reflexo das suas atitudes e decisões do passado.

Mas existe também o estado desejado, o estado futuro da sua empresa, e que vai representar todas as ações e decisões realizadas daqui para frente. Não importa quão mal você esteja hoje, agora o que precisa é se concentrar no patamar em que desejar alcançar e em como fará para chegar lá. Lembro-me de que é senso comum a necessidade de mudar algum comportamento para sair de um estado e chegar ao outro. Ninguém consegue mudar um aspecto da vida repetindo padrões. Então repito: o que você já fazia, vai dar o resultado que você já tem.

Um exemplo muito comum é o nosso corpo. Se hoje estou fora de forma, não posso dizer que sou um atleta de elite e que consigo correr uma maratona – não posso porque não sou, e isso é ilusão, é mentira. Agora, se eu digo que quero ter um condicionamento de atleta para correr uma maratona, talvez eu até possa chegar nesse estado. Mas vou precisar mudar meus hábitos alimentares e praticar exercício regularmente, certo?

Não tenho como conseguir o condicionamento que desejo se continuar me alimentando mal e sem ir para a academia. Mas se decido que quero mesmo ser um atleta e mudo algumas coisas, se diminuo a cerveja, passo a comer mais verduras e legumes, controlo o consumo de carboidrato e açúcar e me matriculo numa academia, começo o *crossfit*, a musculação.... Se eu fizer tudo isso de forma disciplinada, talvez realmente consiga atingir meu objetivo de ser um atleta.

No entanto, se eu fizer tudo o que já estou acostumado e não mudar nada, não inserir nenhum elemento novo, não fizer nada diferente, só vou ter o que já tenho com os resultados que já conheço.

É assim também na empresa. Se faturo hoje 1 milhão de reais e quero faturar 2 milhões no próximo ano, preciso mudar a minha estratégia. O que eu faço hoje só dá 1 milhão, então não posso continuar do mesmo jeito. Vou precisar fazer algumas coisas diferentes, parar de fazer as coisas que não funcionam e implantar novos hábitos na empresa, na equipe e na gestão.

O QUE É PRECISO CORTAR?

Se hoje estou financeiramente desorganizado, não vou conseguir sair do ponto A (estado atual) para o ponto B (estado desejado). O mesmo vai acontecer se eu não tiver nunca um fluxo de caixa equilibrado. Eu posso até conseguir, se eu fizer uma enorme reviravolta na empresa e cortar coisas erradas pela raiz, por exemplo, se implementar novos procedimentos, criar processos do zero, mudar todo mundo, a cultura, ou seja, fizer uma verdadeira revolução.

> *Esse é o estado atual, o presente, o hoje da sua empresa. O estado atual é sempre reflexo das suas atitudes e decisões do passado.*

Você sabia que, em certo momento, Steve Jobs foi expulso da Apple? Sim, ele foi expulso da empresa que ele mesmo fundou. Contrataram um novo CEO e o expulsaram. Tempos depois, as coisas não deram certo e eles recontrataram Jobs como novo CEO da empresa. Quando ele voltou, a primeira coisa que fez foi cortar boa parte do mix de produtos. Ele fez uma análise nos números da empresa e decidiu que cortaria tudo o que não estava vendendo. Decidiu manter poucos produtos, mas apenas os que eram mais vendidos e poderiam gerar maior lucro. Preste atenção como uma loja da Apple é "limpa", espaçosa, ampla, e não entupida de produtos. Em geral, tem uma bancada para os iPhones, uma para os iPads e uma para os Apple Watch. Vez ou outra, vemos algum MacBook em exposição. Perto do caixa, há uma estante com acessórios. E é só isso. Jobs também demitiu algumas pessoas e contratou novas. Eliminou áreas da empresa e criou algumas novas.

Entendeu onde quero chegar? Se você quer sair de um ponto A e ir até um ponto B, precisa cortar algumas coisas e implantar novidades. É assim que você gera resultados diferentes.

"Marcos, tem algumas coisas que faço que funcionam muito bem", você pode me dizer. Ótimo! Não estou aqui dizendo que você precisa mudar tudo dentro da empresa e sair cortando pessoas, produtos, práticas como um louco. Não. Você precisa mudar o que vê que não funciona ou o que não é tão bom como deveria ser, que não dá o resultado que se espera. O que está funcionando e funcionando bem, aquilo de que o cliente gosta e é um diferencial do seu negócio, você só precisa aprimorar. Leve esse conceito para outras coisas.

AUMENTE A EFICIÊNCIA

Outro fator que conta para uma empresa que deseja crescer é aumentar a eficiência da equipe. Um negócio em crescimento precisa de muita atenção, pois o ritmo da operação vai acelerar como nunca. Por isso, é necessário que seu time saiba que precisa dar o melhor de si a todo momento. Para aumentar as vendas, você precisará de uma equipe mais eficiente e que amplie a atividade no tempo que já tem.

O Magazine Luiza, por exemplo, criou dois aplicativos: um para os clientes e outro para a equipe. O aplicativo permitiu que grande parte do processo burocrático da compra fosse realizado pelo vendedor com smartphone: consulta preços, estoque ou possibilidade de desconto, *check-out* de pagamento e confirmação de entrega. Tudo isso pode ser feito no aplicativo do vendedor.

O que aconteceu então? A empresa proporcionou ao vendedor maior autonomia e economia de tempo em cada venda. Se o vendedor pode olhar o estoque no aplicativo, ele não precisa ir até outro lugar da loja, não perde tempo no deslocamento, procurando o produto, falando com alguém ou perguntando para o gerente. Ele faz tudo num clique e o cliente fica mais satisfeito porque espera menos. Assim, o vendedor pode fechar mais vendas.

Procure formas de aumentar a eficiência do seu time! E, junto a isso, dê a ele boas doses de autonomia. Um time autônomo age mais rapidamente e, com o tempo, vai agir mais assertivamente, demandando menos de você. O time que está engajado ao objetivo da empresa vibra na mesma frequência do dono.

Por isso, eu, como empresário, quero que o time saiba e sinta minhas dores, que pense como eu, que se sinta como dono.

Quero que os colaboradores percebam que quanto mais a empresa cresce, mais eles ganham. Quero que saibam que os problemas da empresa reverberam neles. Quero que se preocupem com a empresa assim como eu, que saibam tudo o que acontece. Esse tipo de time, que se envolve com a missão sem se preocupar em só cumprir o horário de trabalho, é o time eficiente que fará a empresa crescer.

Um dos maiores vilões do baixo engajamento do time com a empresa é a falta de comunicação. Como quero ter uma equipe eficiente se eu não comunico a ninguém minhas expectativas e meus objetivos? Se não mostro o andamento, pergunto opiniões, peço sugestões?

Dificilmente tenho problema com as pessoas dentro da minha empresa porque a comunicação com minha equipe é assertiva, sempre muito clara, muito objetiva, sem rodeios ou justificativas. Na minha empresa, o feedback com a equipe é sempre rápido, ao vivo, é a coisa acontecendo e eu falando, não espero para dizer depois. Vez ou outra preciso provocar uma reviravolta geral na empresa, mas as pessoas têm sempre muita clareza do que eu espero delas dentro do meu negócio.

REDUZA OS CUSTOS

Muitas empresas se preocupam demais com o lucro e deixam de lado a preocupação com os custos. Mas diante de um cenário de crise econômica, os custos podem fazer seu negócio saltar ou afundar de vez.

Voltando ao exemplo do Magazine Luiza, a empresa entrou num modo de redução de custos urgente quando percebeu que o mercado vinha caindo – e transformou isso num esforço constante durante todo o ano. Pressionou os shoppings em que tinha lojas para diminuir os aluguéis e reduziu gradativamente o quadro de funcionários – o CEO chegou a fazer um pronunciamento sobre isso em que disse que "não cortamos,

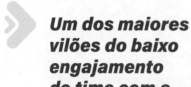

> **Um dos maiores vilões do baixo engajamento do time com a empresa é a falta de comunicação.**

mas readequamos o nosso número de funcionários o ano inteiro".[18] A empresa procurou minuciosamente onde poderia enxugar os custos da operação. Dessa forma, conseguiu atingir a marca importante de cerca de 28,8% de redução de custos por trimestre. No mercado, um índice de redução desse tipo é um número altíssimo, um grande feito.

Há empresas que colocam muita energia na venda, mas pouca no controle financeiro. Não faça isso. O controle de despesas é igualmente importante, por isso invista nele a mesma energia. Use a mesma força e garra com que você busca a venda para diminuir os custos. Pois o dinheiro que sai da empresa poderia rodar lá dentro e voltar para seu bolso. No meu negócio, tenho uma pessoa encarregada pelas compras. Ela está constantemente estudando o que pode cortar, onde pode enxugar a operação – e isso, na minha opinião, deve ser uma briga eterna dentro de toda empresa.

Os maiores negócios – os que se mantém e crescem enquanto os outros caem, quebram e fecham – são sempre aqueles que tomam atitudes fantásticas. Cortar os custos frente a uma queda de mercado é um bom exemplo. Tire o máximo da sua empresa com o que você já tem. Diminuir os custos de produção, por exemplo, pode ser uma boa saída para aumentar a margem de lucro sem precisar mexer no valor final para o consumidor.

REFLEXO DO DONO

Já falei aqui como acredito que a empresa tem a cara do seu dono. Agora digo: ela é também o reflexo do dono como pessoa. Perceba que, normalmente, se o

---

[18] SALOMÃO, K. 5 medidas do Magazine Luiza para enfrentar a crise. **Exame**, 10 nov. 2015. Disponível em: https://exame.com/negocios/5-medidas-do-magazine-luiza-para-enfrentar-a-crise/. Acesso em: out. 2021.

dono tem um perfil comercial muito forte, a empresa tem uma área comercial forte, é a melhor área do negócio, que vende tudo que pôr em mãos. Mas, se o dono tem o lado técnico mais destacado, com certeza a área técnica da empresa será a mais forte, porque esse é o setor em que a pessoa é especialista, no qual dá instruções mais assertivas e cobra com mais propriedade os colaboradores. Assim, naquelas áreas em que o dono não tem tanta habilidade, que são suas fraquezas, serão também os gargalos da empresa. Onde o dono é muito bom, a empresa é muito boa; onde o dono é fraco, a empresa sofre, entende?

E o que fazer quanto a essa realidade? Pode parecer besteira, mas acredite no que digo: aceite suas limitações e busque ajuda. Contrate quem sabe mais, estude, faça um curso da área, contrate uma consultoria, procure mentoria, seja o que for. Ou você aprende o que é preciso para executar aquela tarefa que você não domina ou encontre alguém que a execute por você.

Repito que não é possível o dono fazer tudo dentro da empresa. Se você tem uma expertise, por que não se ater a ela? Faça aquilo em que você é bom, aquilo que lhe dá tesão. No que você não é tão bom, coloque alguém que seja!

HORA DE VIRAR A PÁGINA

Muitas vezes, a falta de crescimento da empresa está ligada a insistir em viver em páginas antigas. Se você está lendo este livro hoje e já tomou decisões erradas no passado, tudo bem, aceite isso. O passado faz parte da sua história, erros e acertos incluídos. Você é um ser humano e errar faz parte do processo. Já foi, aconteceu, está no passado. Então, deixe isso para lá. Você vai perceber como é libertador entender e aceitar os erros do passado, enxergando-os como oportunidades de aprendizado.

Se você ficar revisitando essas falhas, estará sempre preso a elas. Imagine que sua vida empresarial é como um livro. Uma parte foi escrita cheia de erros e acertos, mas ainda há toda uma gama de páginas em branco pela frente, para você escrever da forma que quiser. Na minha opinião, essa é a maior sacada de todas. É preciso entender que os erros fazem parte do seu trajeto e que você não seria quem é, hoje, se não tivesse passado por tudo o que aconteceu na sua vida. Aceite o seu processo, faça as pazes com a sua história.

Quantos empresários não chegam para mim falando: "Ah, meu Deus! Por que abri aquela empresa? Por que inventei de trazer aquele sócio? Por que contratei esse funcionário que só dá dor de cabeça? Por que tomei essa decisão? Como não vi que aquilo era errado?". Meu amigo, esqueça-se do passado! Se você cometeu erros, tomou decisões equivocadas, já aconteceu e o tempo não volta. Naquela época, você não era quem é hoje e nem sabia o que sabe agora. Você era outra pessoa e fez o que achou que deveria fazer. Se não deu certo, paciência. Vire a página.

Pare de olhar para os capítulos anteriores e olhe para frente. Comece a preencher as páginas em branco, a planejar o que quer colocar nelas. Você ainda tem como melhorar os próximos capítulos; os que já foram escritos, não. Nem adianta mais sofrer por eles. Foque em resolver as coisas sobre as quais você realmente tem poder de ação hoje!

Há uma célebre frase atribuída a James Cameron, um cineasta, roteirista e produtor canadense famoso, que acredito que tenha tudo a ver com esse momento de crescimento dos negócios: "Se você traçar metas absurdamente altas e falhar, seu fracasso será muito melhor que o sucesso de todos". Então, por que se contentar em só fechar o mês, traçar metas baixas, aceitar uma equipe que entrega o mínimo, se você pode traçar metas altas e alcançar resultados incríveis? Dizem que sonhar alto não custa nada.

Você era outra pessoa e fez o que achou que deveria fazer. Se não deu certo, paciência. Vire a página. Pare de olhar para os capítulos anteriores e olhe para frente. Comece a preencher as páginas em branco, a planejar o que quer colocar nelas.

CAPÍTULO 14:
Passo 10 – Cuide de você

último passo da metodologia que estou apresentando aqui é, por incrível que pareça, um novo olhar para o primeiro passo. Percebi que a vida é feita de momentos cíclicos, processos que se repetem, num ir e vir contínuo, em que tudo muda, se renova, se transforma e se encaixa, para começar de novo.

"Marcos, do que é que você está falando?", podem me perguntar. Eu vou responder que estou falando de você, empresário. Assim como a metodologia se iniciou em você, cabeça e cara da empresa, pessoa responsável pela existência dela, pelo propósito de ser e até pelas coisas que devem ser alteradas para crescer, também é em você que a metodologia se encerra, fechando um ciclo para dar início a um novo, no qual, mais uma vez, é você quem estará no topo e no comando.

O passo número 10 da metodologia é "Cuide de você" exatamente porque, assim como é você o culpado por tudo o que precisa mudar na sua empresa, é também o responsável por tudo o que já conseguiu até hoje. O seu sucesso, o lugar que alcançou no mercado e as conquistas foram mérito seu. Foi você, seu trabalho e sua garra que levaram a empresa para frente até hoje, e isso é muito louvável, um grande motivo para comemorar.

VETOR DE MUDANÇA

Durante a leitura deste livro, você deve ter percebido que acredito que o empresário seja o maior vetor de mudança dentro da própria empresa. Toda modificação deve vir de cima, do dono em primeiro lugar, para conseguir realmente ser efetivada e transformada em cultura, em hábito da empresa. Quando, finalmente, o empresário consegue enxergar isso e a potência que esse conceito agrega, as coisas com certeza mudam para melhor.

Você, empresário, precisa entender que é o vetor de mudança, que é o maior responsável por melhorar os processos, engajar o time e levar o negócio para um novo jogo. Mas, para jogar esse novo jogo, você precisa ter novos conhecimentos, adquirir novas práticas, criar um novo ambiente de trabalho. Não se engane em achar que isso é um processo que dura um mês ou dois porque, na verdade, é um caminho a ser percorrido constantemente.

Evoluir e investir na estratégia, apostar no aperfeiçoamento da empresa e engajar o time devem se tornar hábitos, e não acontecer em momentos isolados do tempo. Embora tenha tido bons resultados, se você tem procurado aprender – como lendo este livro ou buscando algum curso –, no fundo, sabe que precisa de uma mudança, que precisa conhecer coisas novas. Afinal de contas, o que o trouxe até aqui não é a mesma coisa que vai levá-lo adiante. Estar lendo esta obra é uma prova factual de que você deseja avançar, mudar, crescer. Você tem a curiosidade, tem a faísca, tem o desejo; só precisava descobrir como usar tudo isso.

JÁ PERDEU QUANTO?

Estou sendo óbvio? Você já ouviu essas coisas outras vezes? Pergunto mais: quanto dinheiro você acha que perdeu, pelo menos nos últimos cinco ou dez anos, por não saber ou não fazer algo do que falei aqui? Quanto dinheiro você deixou de ganhar nesse tempo? Quanto você perde, a cada mês, por não saber contratar as pessoas para a sua equipe? Quanto perde por não ter as pessoas certas nas áreas adequadas da empresa? Quanto está perdendo, anualmente, em salários e encargos de pessoas que não se encaixam na cultura da sua empresa? A conta é alta, não é?

Falo sobre a metodologia porque tenho conhecimento de causa. Estou sempre buscando aperfeiçoar a minha empresa para uma alta performance, assim como a minha missão atual é "acelerar negócios e resultados", independentemente se por meio de uma mentoria paga ou um programa on-line gratuito.

Evoluir e investir na estratégia, apostar no aperfeiçoamento da empresa e engajar o time devem se tornar hábitos, e não acontecer em momentos isolados do tempo.

Sempre que tenho contato com algum empresário ou equipe de uma empresa, entrego material de altíssimo nível. Sempre! Não importa o tamanho do evento ou o número de pessoas presentes. Sempre vou dar o melhor para o meu cliente, e é por isso que serei sempre reconhecido – o que gera consequências positivas para o meu negócio e, posteriormente, lucro. Lembra-se de que falei que o dinheiro é sempre a consequência? Se você faz por merecer, o cliente percebe e o investimento volta.

ESCOLHA O SEU CLIENTE

Por mais estranho que pareça, para as empresas que estão crescendo, escolher o cliente é uma realidade mais do que concreta. Nem sempre será possível atender a todos, e tudo bem! Será que atender a todos precisa ser realmente o objetivo da sua empresa? Será que você quer isso?

Veja que nem todo mundo consegue comprar um aparelho celular da Apple. O valor dele é alto e exige certa renda para efetivar a compra. Caso a pessoa não tenha essa renda, ainda é possível comprar um aparelho de segunda mão ou parcelado. Mas não é pensando nesse público que a Apple projeta seus novos produtos, lança estratégias de venda ou tabela o valor de seus iPhones.

A Apple criou, além de um smartphone, um status social. Ter um iPhone é muito diferente de ter um celular qualquer. Com um iPhone você começa a fazer parte de um grupo exclusivo de pessoas que podem ter iPhones. E isso não é para qualquer um.

Agora, se a Apple, que vende celulares, pode fazer isso, por que não eu ou você?

Na minha empresa, Seja Alta Performance, temos uma pirâmide de programas para empresários. Ela começa no topo, no Alta Performance nos Negócios (APN), voltado para empresários e gestores, e vai descendo com o Empresários de Alta Performance (EAP), o Gestores de Alta Performance (GAP) e chega até a base, com o Vendedores de Alta Performance (VAP) e o Alta Performance Profissional (APP), que é destinado a todos os colaboradores da empresa. Aliados a estes programas principais, temos outros cursos de gestão mais específicos.

Recentemente, trouxe esse conceito para o meu negócio de uma forma um pouco diferente. Vinha percebendo que, ao aceitar qualquer um que pudesse pagar o programa, eu acabava recebendo alguns empresários aventureiros, que não estavam realmente comprometidos em mudar a empresa ou que chegaram até mim por outros motivos.

Bem, não quero que essas pessoas entrem na minha pirâmide porque, no fim das contas, elas não vão aplicar nada da metodologia na empresa, não vão ter resultado, não vão crescer e ainda vão atrapalhar o meu próprio resultado! Não é bom para mim ter na minha lista de clientes várias empresas que não tiveram bons resultados após o programa, pois vendo a ideia de que sou a pessoa que faz sua empresa crescer. Mesmo que o real culpado de os projetos não terem dado certo seja o empresário que não colocou em prática nada do que aprendeu, nunca fez uma reunião de equipe ou não mudou nada na operação.

Então, hoje seleciono os clientes que vão entrar na pirâmide. Quero ter no meu programa aqueles em que identifico a sede e a coragem de crescer.

Quero resultados, quero vídeos com depoimentos de empresários dizendo que a empresa bateu recorde de vendas, explodiu no crescimento. Não quero só o dinheiro dele, isso não vai dar resultado. É o crescimento dessas empresas que me fará ganhar dinheiro. São as empresas que cresceram por meio da metodologia Alta Performance que vão me tornar conhecido.

Não quero comigo empresários que vivem dando desculpas e se justificando pelo que não foi feito. Empresários que dizem que o problema é o Presidente da República, a covid-19, a inflação, a crise ou qualquer outro fator externo. Esses eu não trago para dentro da pirâmide porque já sei que não vão gerar resultados.

Hoje já posso me dar a esse luxo e decidi que a partir de agora vou escolher quem anda comigo na mentoria, no acompanhamento. Escolho a dedo quem eu acho que está convicto de que vai revolucionar a própria empresa.

VOCÊ É A MENTE ESTRATÉGICA

Muitos empresários abrem uma loja sem ter uma proposta definida. Abrem só por abrir uma loja cujo único propósito é vender – mas, muitas vezes, não sabem direito nem mesmo o que vão vender.

Você provavelmente conhece alguém que ganhou um dinheiro extra e, para sair da carteira assinada, virar o próprio chefe, decidiu abrir uma loja, sem estratégia alguma, e acabou quebrando em pouco tempo. Conheço várias pessoas e eu mesmo já fiz isso no passado. Também já contratei pessoas e comprei maquinário sem estratégia. Sei que talvez você conheça alguém assim, ou você mesmo já se aventurou dessa forma um dia. É comum no mundo dos negócios, principalmente aqui no Brasil. O grande problema é que, geralmente, agir assim acaba dando errado.

Quando digo que o empresário é a cabeça do negócio, quero dizer também que cabe a ele filtrar esse tipo de coisa, impedir que aconteça. Você deve evitar

Nem sempre será possível atender a todos, e tudo bem! Será que atender a todos precisa ser realmente o objetivo da sua empresa? Será que você quer isso?

a todo custo tomar decisões para a empresa no impulso. Das mais até as menos impactantes, não tome decisões no calor do momento, baseadas na emoção. Você precisa ser a principal mente estratégica do seu negócio.

Reduza a chance de a sorte agir, aumente o nível de estratégia dentro da empresa. Todas as decisões devem ser pesadas e analisadas. Tenha certeza de que mapeou todas as possibilidades e consequências que uma ação ou decisão pode gerar; os impactos que aquilo pode causar a curto, médio e longo prazo. Defina os prós e os contras de decidir a favor ou não em cada situação.

No dia a dia, ser um empresário tem muito mais a ver com analisar os cenários do que com agir por paixão ou usar do conhecimento técnico que você precisou ter para criar o produto ou serviço, treinar o time ou qualquer outra coisa.

CORAGEM PARA CRESCER

Certa vez, estava falando sobre o crescimento das empresas que acompanho quando um empresário me disse: "Ah, crescer é fácil! O difícil mesmo é se manter". Nesse momento, precisei concordar porque ele tinha razão. Na maioria das vezes, uma operação que começa bem não tem dificuldades em crescer. Comentei isso anteriormente. É justamente quando a empresa cresce de maneira desorganizada ou centralizada no chefe que o empresário percebe que precisa de ajuda.

É preciso ter coragem para crescer. Mas você não pode nunca deixar de lado a estratégia. É óbvio que, vez ou outra, para crescer você precisará investir, apostar num produto ou serviço, dar um tiro no escuro e jogar um pouco com a sorte. Sim, sei que isso é totalmente contra o que acabei de dizer. Mas a questão aqui é perceber que, embora deva estar sempre atento para tudo o que acontece e tentar prever todos os cenários e o desenrolar de cada decisão, é muito provável que, vez ou outra, você seja pego de surpresa!

A vida não acontece sempre como planejamos e, muitas vezes, as coisas mudam bruscamente, sem pedir licença ou perguntar como está a sua agenda. É só lembrar de como foi em 2020, quando a pandemia de covid-19 alcançou o Brasil. Ninguém estava preparado, ninguém previu ou se planejou para tudo o que aconteceu em seguida. Num momento como esse, é preciso não se desesperar e ter calma o suficiente para entrar em modo de alerta, modo de resolução de problemas. Esqueça-se do vitimismo e das justificativas. Pare um pouco, cuide de si mesmo, tenha certeza de que está tudo bem com você, sua família e seus colaboradores, e então comece a traçar a estratégia com o que tem de informação.

Perceba que, sem a coragem, a estratégia pode ir por água abaixo. Assim como sem estratégia, a coragem pode nunca sair do campo das ideias, nunca conseguir se concretizar. Você precisa unir o melhor dos dois mundos. Ter coragem e executar a estratégia. Precisa entender que todos os dias alguma coisa muda no mundo, e a cada dia a sua empresa também precisa mudar para acompanhar.

"Eu preciso mudar algo todo dia?", você pode perguntar, surpreso. E a resposta é sim. Se possível, a cada ano, tente ser uma empresa diferente. Siga as tendências, adeque-se aos novos modelos e formas de trabalho, busque o que há de novo para chegar até o cliente. Essas ações fazem parte do perfil de uma empresa moderna e bem-sucedida.

Em uma das minhas visitas ao Vale do Silício, fui até a HP, que muita gente conhece como uma empresa de impressoras. Lá, descobri que, hoje, a HP tem outros negócios. Ela imprime peças de naves espaciais para a NASA, por exemplo. As peças são pensadas pelos engenheiros da NASA e impressas em 3D onde eles precisarem, seja no escritório ou na estação espacial! A HP entendeu que somente a impressão no papel não mais sustentaria a empresa, então investiu muito em novas tecnologias e novos negócios.

Havia uma frase na parede do escritório que achei fantástica: "Refunde sua empresa a cada dois anos". Sabe o que isso quer dizer? Você não precisa refundar a empresa literalmente, refazer a marca ou mudar produto. Mas você pode refundar a gestão, os controles e os processos. Essa frase é sobre estar sempre se mexendo, sempre se atualizando, se modernizando e inovando.

Você precisa ser a principal mente estratégica do seu negócio. Reduza a chance de a sorte agir, aumente o nível de estratégia dentro da empresa. Todas as decisões devem ser pesadas e analisadas.

CAPÍTULO 15:
Tudo muda se você mudar

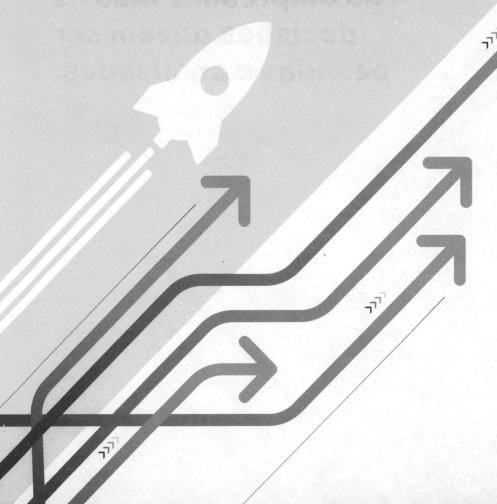

uando o empresário consegue finalmente entender que ele é não apenas o responsável por tudo que vai de mal na empresa, como também o é pelas soluções que podem fazer a empresa prosperar, tudo muda. Quando você, leitor, conseguir assumir a reponsabilidade pela mudança na sua empresa, verá que as coisas se tornarão mais fáceis rapidamente. Porque agora você vai enxergar que tudo está ao seu alcance, só depende de você decidir agir.

Você deve ir até onde seu braço alcança, que são as dores que estão dentro da sua empresa. Não é possível alcançar as dores do lado de fora, por isso ignore-as. Não perca seu tempo no que não puder agir diretamente. Lembre-se sempre de que você é o capitão do navio e tem o poder do leme. Portanto, você decide.

Até mesmo se a decisão for, no fim das contas, fechar a empresa porque você reconheceu que ela vai mal e que não tem mais recursos ou paixão suficientes para recuperá-la. Muitas pessoas se assustam quando me ouvem falar assim, mas para alguns negócios a melhor solução é fechar mesmo! Como empresários, precisamos ser maduros o suficiente para reconhecer quando uma empresa chega nessa situação. Sabe aquela expressão que diz que negócio ruim não deixa saudade?

COMUNIQUE O QUE QUER

A boa gestão está ligada à comunicação clara, principalmente. Seja claro em tudo o que disser, tanto para sua equipe quanto para seus clientes. Ensaie seu discurso, se for preciso. Cultive uma cultura de resultado, de verdade, de metas batidas, de conquistas premiadas, de soluções e nunca de problemas; uma cultura de crescimento.

Não adie ações, faça hoje, agora, toda semana, sempre que possível. Alinhe as metas da empresa às suas expectativas de ganho com ela, apaixone-se pelo seu negócio e gerencie sua empresa com tesão. Vicie a equipe em bater metas, crie rotinas de comemoração e celebração a cada objetivo atingido. Construa um clima organizacional de muita cooperação e doses de competição (quando necessárias) com uma equipe que é doida pela empresa, que quer bater metas e não mede esforços para isso.

Existem empresários que falam do seu negócio com brilho no olhar. Que têm no sangue o desejo de vencer e, por isso, têm garra para fazer o que for preciso para expandir com a empresa, para levar o negócio a níveis astronômicos, crescer até onde puder e um pouco além. É isso que não pode faltar em um empresário dos tempos atuais: coragem, foco e paixão! Se somos nós o vetor de mudança de nossas empresas, é isso que devemos fazer por elas, a cada instante.

As dificuldades vão existir. Não há nada que possamos fazer para impedir que elas aconteçam. Os problemas, as coisas que dão errado, as crises... tudo isso vai acontecer uma hora ou outra, é inevitável. Entretanto, você não pode perder o brilho. Deve se levantar, sacudir a poeira, dar a volta por cima e seguir em frente. A vida é assim, afinal. Seja você um empresário, um funcionário de carteira assinada, um prestador de serviço ou um estudante do Ensino Médio; a vida é assim para todos.

De todas as dicas de gestão que dei neste livro, a mais importante vem agora e é sobre a vida: continue. Continue sempre andando, avançando e brilhando; sempre sonhando. Porque isso, sim, é o que nunca pode acabar. Quando você sentir que está sozinho, lembre-se de que tem uma família, de que tem sempre alguém com quem contar.

> *Cultive uma cultura de resultado, de verdade, de metas batidas, de conquistas premiadas, de soluções e nunca de problemas; uma cultura de crescimento.*

APAIXONE-SE PELA SOLUÇÃO

Quando você parar de apenas conviver com os problemas e começar a se apaixonar pela solução, perceberá que há muitas pessoas que conseguem, pessoas que avançam, e vai se inspirar nelas.

Com a metodologia Alta Performance, orientei mais de 20 mil empresas de diversos segmentos e ajudei muitos empresários a entender que a mudança é de dentro para fora e de cima para baixo, que vem deles. Vem de você, empresário, e chega a todos os níveis da empresa. Você une todo o time em torno do seu propósito, fazendo sua equipe refletir e assumir o próprio papel na empresa.

Não se esqueça de que a empresa grande de hoje é uma empresa pequena que deu certo por meio dessas mesmas técnicas e práticas profissionais que expliquei aqui. E é assim que você aumentará os seus resultados e realmente fará sua empresa crescer e prosperar.

CHEGAMOS AO COMEÇO

Agora é o momento em que chegamos ao começo. Sim, você não leu errado. Mesmo que este seja o último capítulo, não pense que é o fim. Muito pelo contrário. Encare este momento como o início do processo de mudanças na sua empresa, o começo de uma nova jornada, de um momento de tomada de decisões, de colocar a mente para funcionar até sair a ideia brilhante e inovadora que pode levar seu negócio ao próximo nível.

Reúna-se com o seu time, arregace as mangas e corra para o sucesso. Ele é seu, ele está ao seu alcance. Lembre-se: basta ter coragem para agir.

Você trabalha duro e merece ter tempo para descansar, relaxar, curtir sua família, e até chegar à tão sonhada vitória. A partir de agora, você está mais preparado para desbravar o mundo empresarial e certamente alçará grandes voos! Acredite, você consegue.

Encerro aqui com uma mensagem que me acompanhou a vida inteira e sempre me ajudou: **tudo muda se você mudar. Queira, ouse e tente.**

Parabéns pela sua coragem para crescer.

Até logo,

MARCOS FREITAS

Reúna-se com o seu time, arregace as mangas e corra para o sucesso. Ele é seu, ele está ao seu alcance. Lembre-se: basta ter coragem para agir.

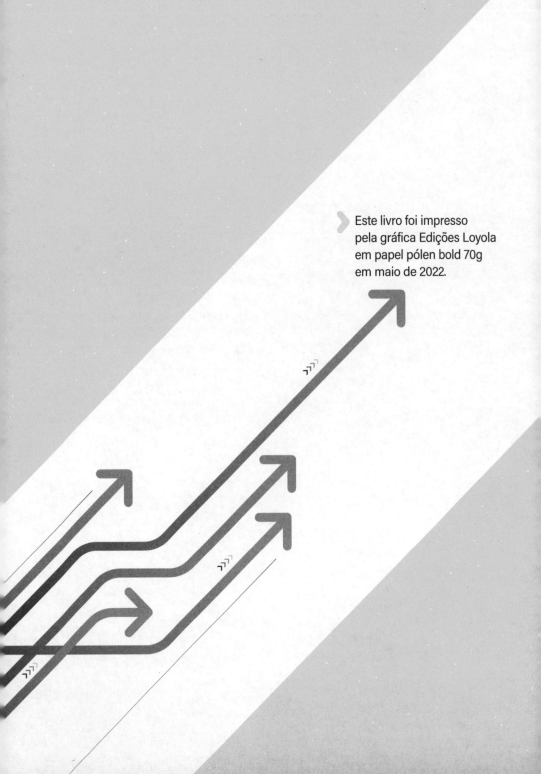

Este livro foi impresso
pela gráfica Edições Loyola
em papel pólen bold 70g
em maio de 2022.